突 破 认 知 的 边 界

胜天半子

朱棣的强者思维与成事奇谋

林子树 著

光明日报出版社

图书在版编目（CIP）数据

胜天半子：朱棣的强者思维与成事奇谋/林子树著
.——北京：光明日报出版社，2024.6
ISBN 978-7-5194-7968-8

Ⅰ.①胜… Ⅱ.①林… Ⅲ.①明成祖（1360-1424）
—人物研究 Ⅳ.①K827=48

中国国家版本馆 CIP 数据核字(2024) 第 099778 号

胜天半子：朱棣的强者思维与成事奇谋
SHENG TIAN BAN ZI: ZHUDI DE QIANG ZHE SIWEI YU CHENGSHI QI MOU

著　　者：林子树	
责任编辑：谢　香	责任校对：孙　展
特约编辑：闫雯晰	责任印制：曹　净
封面设计：于沧海	

出版发行：光明日报出版社
地　　址：北京市西城区永安路 106 号，100050
电　　话：010-63169890（咨询），010-63131930（邮购）
传　　真：010-63131930
网　　址：http://book.gmw.cn
E - mail：gmrbcbs@gmw.cn
法律顾问：北京市兰台律师事务所龚柳方律师
印　　刷：河北文扬印刷有限公司
装　　订：河北文扬印刷有限公司
本书如有破损、缺页、装订错误，请与本社联系调换，电话：010-63131930
开　　本：170mm×240mm　　　　　印　张：14
字　　数：165 千字
版　　次：2024 年 6 月第 1 版
印　　次：2024 年 6 月第 1 次印刷
书　　号：ISBN 978-7-5194-7968-8
定　　价：58.00 元

版权所有　翻印必究

虚怀若谷，谋大事者需有大格局

做事宽容，有容人之雅量　　　　　　　　003
志存高远，立冲天凌云之志　　　　　　　009
稳健踏实，守得云开见月明　　　　　　　018
谦逊有礼，平和而不自骄　　　　　　　　025

处事无非人性，谋局无非人心

赏善罚恶，会驭人，更能容人　　　　　　035
以诚待人，以信相交，用人不疑　　　　　041
攻心为上，让人心悦诚服　　　　　　　　047
征服人心，将无往而不利　　　　　　　　055

不以拙力胜人，四两可拨千斤

谨慎低调，摸清对方的需求　　065
声东击西，出奇谋而制胜　　072
待时而动，精准把握时机　　079
当断不断，反受其乱　　087

藏锋则无敌，隐智可保身

忍得下羞辱，方为大丈夫　　093
善于低头，更要敢于抬头　　101
藏拙示弱，善身保身之道　　105
隐而不发，暗中积蓄力量　　111

没有雷霆手段，莫怀菩萨心肠

巧用反间计，出击更有力　　　119
避其锋芒，给对方致命一击　　126
不费一兵一卒，不战而屈人之兵　131
知己而知彼，百战而不殆　　　137

胜者以身谋局，万物皆为我所用

强者思维，以谋取胜　　　147
经营人脉，成就大事　　　155
居安思危，有备无患　　　164
审时度势，择良木而栖　　171
心胸狭隘，则量小福薄　　177

人生如棋，
有实力才是真强者

逆境成就强者，变阻力为动力	185
智者造势而谋，能者顺势而为，明者因势而变	193
深谋远虑，方能统筹全局	202
增强实力，强者的生存逻辑	209

虚怀若谷，谋大事者需有大格局

海纳百川，有容乃大。宽容是一种广阔的胸襟，也是一种生存的智慧，更是一种难能可贵的品格。

做事宽容，有容人之雅量

谋略解读

海纳百川，有容乃大。

宽容是一种广阔的胸襟，也是一种生存的智慧，更是一种难能可贵的品格。

宽容不是软弱，它体现了一个人对他人的关爱、尊重和理解，也体现了个人对社会的责任和担当。在生活中，一个宽容的人更容易得到他人的尊重和信任，更容易成为一个值得信赖和尊敬的人，也更容易得到他人的支持和拥护。在团队中，宽容能够营造出一种和谐共赢的氛围，领导和同事之间，同事和同事之间，相互包容，彼此体谅，这样能够有效地减少内耗，提高团队的战斗力。

做事宽容并不意味着无原则的妥协和退让。在必要的时候，我们也需要坚持自己的原则和立场，维护自己的权益和尊严。同时，我们也需要学会在宽容和原则之间找到平衡点，既能够体现自己的价值和尊严，又能够保持与他人的和谐与合作。

谋略故事一

战国时期七雄争霸，秦国在变法后实力迅速增长，野心勃勃地想要一统天下。早在秦昭王时期宰相范雎就提出"远交近攻"的策略，即交好比较远的国家，攻下邻近的国家，不断合并土地，最终达到不可阻挡的统一趋势，当时邻国韩国比较弱小，秦国计划灭掉韩国来作为大一统的第一步棋。

韩国处于秦、魏、楚三国之间，位置十分尴尬，韩国是秦国东出函谷关的第一要地，秦国巴不得早点灭掉韩国，占为己有。对于西边强秦的野心昭然，虎视眈眈，韩国知道很有可能会被秦先灭掉，韩国自危，于是就想到了一条疲秦的计谋。

公元前246年，韩国的国君韩桓惠王找到一个人——郑国，郑国是水利专家，在韩国管理水利事务。韩桓惠王对郑国说："西边的强秦对我们虎视眈眈，我们国家实在是无力抵抗秦国啊。我现在想到了一条计策，就是劝说秦国兴建水利工程，这样秦国把民力和财力都用在修建水利上，就无暇攻打我们了。"

郑国是一个有爱国精神的青年，于是郑重地接受了韩桓惠王赋予的使命，决定前往秦国实施此计，以报效自己的国家。

众所周知，关中是个地理位置相对闭塞的地区，水资源并不丰富，此前秦国在成都平原修建了都江堰，使得农业得到了有利的发展，可以说秦国的强盛离不开兴建水利工程。因此，等秦王嬴政听说郑国想要在关中地区开凿大型水渠的计划时，想都没想便欣然应允了。

郑国不愧是一个优秀的水利专家，他很快拿出了一个完整的方案，利用关中平原西北高、东南低的地形，在平原上找到了一条屋脊一样的最高线，以实现渠水由高向低自流灌溉，可灌溉四万余顷土地。

公元前237年，郑国渠就要完工了，此时意外的事情出现了，秦国因为长期被郑国渠工程所束缚，十年无暇东出，终于识破了韩国派郑国来秦国修建水渠原来是拖垮秦国的一个阴谋。秦国上下纷纷表示杀郑国以泄愤，秦王质问郑国："你是韩国国君派来的间谍，你们鼓吹我修水渠不过是为了消耗我国的国力，是不是？"

郑国面无惧色地对秦王说："当初，韩国国君派我来，是为了疲乏秦国，你现在杀我已经无法弥补耗费掉的钱财和粮食了，水渠修成不过延长韩国十年的寿命，但却有利于秦国的千秋万代。"秦王听完沉吟良久，觉得郑国说得很有道理，不但没有杀他，反而让他继续主持水利工程。郑国渠工程宏伟,规模浩大,建成几年后,泾河泥水灌溉到关中田地,使沼泽盐碱之地变为肥沃良田,粮食的产量大大增加,使关中一跃成为全国最富庶的地区,使得秦国国力更加强盛,加快了秦国统一六国的步伐。

郑国原本是韩国派来的一个间谍,在秦国修建水利的真正目的是消耗秦国的国力,但从客观上来说,兴建水利也是对秦国发展有利的一件事。秦王在权衡了利弊之后,非但没有处罚郑国,还让他继续主持水利建设,这充分彰显出秦王的宽容和胸襟。

宽容绝非软弱,而是代表着一种开阔的胸襟,一种深沉的智慧,一种对人和事的深刻洞察与理解,也是一种优秀的品德。

一个懂得宽容的人,才能够享受平静;一个宽容的人,更容易收获朋友;一个宽容的人,更容易得到他人的帮助;一个宽容的人,做事更容易成功。

谋略故事二

永乐四年(1406年)五月,都督程达守卫边疆时犯了些小错误,鉴于此人曾经在战场上表现得很有才干,所以朱棣并没有按照律典的规定杀了他,而是将他发配到云南西平侯沐晟那里立功赎罪。对此,朝中有很多人颇有微词，朱棣对他们说："我们不是圣贤，人人都会有错误，但如果因为一个人的小过错就否定他的大善行，那么做善事的人就会感到懈怠；同样，人人也都有才能，但如果因为看重一个人的一点小才能就忽略他的大恶行，那么作恶的人就会更加肆无忌惮。因此，对于那些难以容忍的恶行，我们不应该考虑他是否有才能；而对于那些有可用之才的人，我们可以稍微宽容他们的过错。这样，我们在判断善恶时，就能做到公正不偏袒了。"

从这段话可以看到朱棣的容人之量，他评价一个人时，是全面考虑的，没有因为一点小过错就否定一个人的整体价值，也没有因为一点小才能就忽略一个人的严重缺点。他做到了公正地看待一个人的优点和缺点，做出合理的评价。

朱棣意识到了程达所犯下的错误，对他的过失没有放任不管，而是加以管教惩罚，只是在惩罚的程度上降低了一些，由此我们可以看出宽容不是纵容，它是有底线、有原则的，它基于理解和接纳，但不等同于无条件的放任。朱棣对这件事的处理，充分体现出他对待臣子宽容而不纵容的态度，这也体现出朱棣的宽宏和气量。

有气量，能包容，是一种强者的心态，也是胜者的心法。古往今来成大事者，无不胸怀天下，克己容人。

做人大度意味着一个人具有广阔的胸怀和包容心。大度的人能够理解并接纳他人的不同观点和行为，即使这些观点和行为与自己不同，甚至可能对自己产生不利影响，他们也不会因为小事而斤斤计较，也不会因为别人的过错而耿耿于怀。相反，他们会用宽容和谅解的心态去看待人和事，从而赢得他人的尊重和信任。

做事宽容则强调了在处理事务时应该具备的灵活性和宽容度。宽容的人能够考虑到各种可能性和变数，不会因为一时的困难或挫折而放弃或抱怨。他们能够以平和的心态去面对挑战和压力，用智慧和勇气去解决问题。同时，他们也会给予他人足够的空间和机会去改正错误和弥补不足，从而营造一个和谐、积极的工作氛围。

在实际生活中，做人大度和做事宽容的人往往能够更好地与他人相处和合作。他们能够理解他人的需求和感受，尊重他人的选择和决定，从而建立起良好的人际关系。同时，他们也能够以开放的心态去接受新知识和新技能，不断提升自己的能力和素质。

志存高远，立冲天凌云之志

谋略解读

少年周恩来曾立志"为中华之崛起而读书"，校长赞叹其"有志者当效周生！"中国航天之父钱学森，在青少年时期在心中埋下"立志成才，报效祖国"的种子，这一远大的理想，支撑着他冲破种种艰难险阻一心回归祖国，也铸就了他功勋卓著的一生。

志存高远方能登高望远，胸怀天下才可大展宏图。古往今来，举凡成就一番伟业的强者，心中无不有着高远的志向。而志向就像人生的航标，指引着他们将自己蓬勃的生命力投入时代的洪流，创造属于自己的奇迹和伟业。

一个人要做出一番成就，就要有远大的志向。树立坚定的、高远的志向，并为之执着地努力，才能不断抵近心中的理想抱负。

谋略故事一

项羽（公元前232年—公元前202年），名籍，字羽，秦末下相（今江苏宿迁）人，楚国名将项燕之孙，是楚国有名的将领。项羽少年时期，楚国被强秦攻灭，国破家亡，祖父项燕也以身殉国。国耻家仇激励着项羽要奋进有为，匡复社稷。

据说很小的时候，项羽就对叔叔说："如今天下不太平，写字和读书并没有太大用处，就算练剑也不过只能抵挡个把人，我想学习能够抵挡千军万马的大本领。"叔父项梁一听大喜，说："好小子有志气，我们项家人的后代应该是这样子啊。"于是，项梁开始教项羽读兵书、演习阵法，学习领兵打仗的本领。

项羽从小志气凌云，自视甚高。有一年，秦始皇巡游会稽山，来到了吴中。吴中的老百姓纷纷簇拥到大路两旁，观看秦始皇巡游的车队经过时的热闹场面，项羽也站在人群中观看。

仪仗队浩浩荡荡，华丽而充满威严，只见几辆华丽的官车被身穿盔甲的士兵簇拥着，秦始皇威风凛凛地高坐在车里。项羽丝毫不惧怕秦始皇的威严，竟不自觉地脱口而出："总有一天，我要取而代之……"

项羽长大后，各地反秦运动风起云涌，他也参与其中，在巨鹿之战破釜沉舟，一举歼灭秦朝主力军，生擒秦将王离，并斩杀苏角，各地的起义军推举他当了"诸侯上将军"。秦王朝被推翻以后，项羽做了"西楚霸王"。

项羽在灭秦过程中贡献巨大，决心一统天下，不甘心只做西楚霸王。自此，他与对手刘邦展开了长达五年的楚汉之争。司马迁在《史记》中盛赞他是一个有血有肉、有情有义的大英雄。

西楚霸王项羽，少年立志，当他看到秦始皇浩浩荡荡的巡游车队时，发出"取而代之"的壮志，由此可见其心中气象恢宏。

孟子说："夫志，气之帅也。"《晋书》中写道："夫学者不患才不及，而患志不立。""宰相之杰"张居正写下"愿以深心奉尘刹，不予自身求利益"，躬身改革、不计毁誉，将个人得失置之度外；民族英雄林则徐树立救国为民的高远志向，在虎门销烟、抗击英军、安抚叛乱等历史事件中，始终做到了"苟利国家生死以，岂因祸福避趋之"。注重立志，善养"浩然之气"，就能涵养从容内敛的气质，蓄积坚定自信的精气神。

晚清名臣左宗棠青年时代就志向笃定，在他23岁时自题对联以明志："身无半亩，心忧天下；读破万卷，神交古人。"他也十分注重家风家教，告诫自己的孩子"志患不立，尤患不坚""小时志趣要远大，高谈阔论固自不妨"。纵观左宗棠的一生，从办理洋务、主持船政到收复新疆、抗击法军，他一以贯之地践行自己的志向；他的孩子长大后能够报效国家、不辱使命，也与其早立志、立长志的教导密不可分。尽早确立志向，明确人生奋斗的方向，可以助人避免随波逐流、亦步亦趋，不被诱惑所误导。（引用赵九如《人生立志须趁早》）。

谋略故事二

宋代著名文学家苏东坡小时候非常聪明，他读了很多书，储备了大量知识，学识明显比别的小朋友高出一筹。周围人都夸他聪明，苏东坡便有点飘飘然了。

有一天，苏东坡读完一本书，心生豪迈之情，便写了一副对联：识遍天下字，读尽人间书。这副对联的内容确实非常狂傲，别说苏东坡小小年龄，如何识得尽天下字，读得完天下书；就是一个老翁，穷其一生，也不能读完天下所有的书籍。

对联刚贴出去不久，就有一位老人找上门来。他拿着一本书，对苏东坡说："你说你读遍了天下的书籍，想必什么书都能看懂，现在请你看看这本书。"苏东坡心想一本书有什么难的，就接过了老人手里的书。可是，苏东坡看了几页之后，就面露难色了。原来，这是一本古书，里面的许多文章都是苏东坡没看过的，还有一些生僻字是他不认识的，文意更是不能完全通达。

此时，苏东坡面红耳赤，抬起头来非常诚恳地对老人说："老人家，谢谢您，我明白您的用意了。"然后他揭下了门上的对联，添了几个字，就改成了：发奋识遍天下字，立志读尽人间书。老人见了，点点头，满意地笑了。

从此，苏东坡改变了自己的学习态度，勤奋读书，最终成为中国历史上著名的文学家。苏东坡的一生，在诗词和书法上，都取得了非常高的成就：其文，洋洋洒洒，名列"唐宋八大家"之一；其词，开宋代豪放一派，与辛弃疾并称"苏辛"；其书法，行楷自如，号称"宋四家"之一。

苏东坡小小年纪，只不过多读了几本书而已，就敢自称识遍天下字、读尽人间书，如此狂傲的心态，如若持续下去，将来肯定会对他的成长产生不好的影响。幸运的是，当他走向弯路的时候，那位老人给了他有益的提醒。苏东坡也不负所望，改变了自己的错误心态，立下了正确的志向，从此，他走上了人生的康庄大道。

苏东坡从小立志的故事，给了我们很大的启发。人生要树立正确的志向，有了志向才会知道自己的不足，知道自己的不足才会有前进的动力；同时，有了志向，人的意志就会坚定，做事情才能够持之以恒，经得住磨砺。人如果没有志向，就像少年苏东坡一样，取得一点成绩就沾沾自喜，骄傲自满，不知道自己的斤两，这样就会停下前进的步伐，人生自然也不会取得大成就。

人人都有成功的可能，但是如果没有志向的话，就很有可能忘却自己的本心，不思进取，嬉戏享乐，最终一事无成。而一个人一旦有了远大的志向，他就会千方百计地寻找成功的方法，努力向目标靠拢。一个人只有立志高远，脚踏实地，在磨砺中不断强心志、壮筋骨、长才干，才能抵达梦想的彼岸。

谋略故事三

元文宗天历元年九月（1328年），朱元璋出生在一个贫苦农民的家庭，因为在家里排第四，家族兄弟里排行第八，父亲为其取名朱重八。在元朝的统治之下，朱元璋一家人的生活苦不堪言。

朱元璋少年时期曾在地主家放牧，至正四年（1344年）前后，皖北地区接连发生了严重的蝗灾和瘟疫，他的父母和大哥都去世了。父母做了一辈子佃农，去世时家里却买不起一副棺材，甚至连一块埋葬亲人的土地也没有，朱元璋回忆当时情形说："殡无棺椁，被体恶裳，浮掩三尺，奠何肴浆！"最后，邻居刘继祖给了他们一块坟地。

兄弟二人用破衣烂衫包裹好尸体，非常潦草地将父母安葬了。为了活命，朱元璋与他的二哥被迫分开，各自谋生去了。

那时候四海之内民不聊生，为了活命，走投无路的朱元璋，只得去皇觉寺出家做了和尚，在寺里勉强能有一口斋饭。但不久灾荒四起，在寺里也讨不到饭吃了，住持只好打发他们外出化缘。于是，朱元璋走上了云游四方的流浪生活。

此时，全国各地农民起义正风起云涌。元朝政府为了镇压农民起义，命令官吏四处抓捕农民起义军，起义军自然没那么容易被抓到，元朝官吏为了完成任务对朝廷有交代，就抓一些普通的百姓充当起义的民兵。当时在当和尚的朱元璋，被人告知，要推他出去冒充起义兵交给朝廷交差。

朱元璋已经被逼得无路可退，面对暴元的残暴统治，想起父母、兄弟的惨死和家庭的支离破碎，那时的朱元璋已经立志要推翻元朝，他将自己的名字"朱重八"改为朱元璋，"璋"本是一种锋利的玉器，这个"朱元璋"实际上就是"诛元璋"，朱元璋把他自己比成诛灭元朝的锋利玉器。后来，经过多年艰苦卓绝的斗争，朱元璋从南一路打到北，推翻了暴元的统治，成立了大明王朝。

元顺帝至正二十年（1360年）四月十七日，朱棣在战乱中出生，他是朱元璋的第四个儿子，从小就跟随父亲东征西战。

朱元璋教育儿子可谓煞费苦心，曾经下令诸子回到凤阳老家，体察民间疾苦。朱棣和众兄弟，在皇太子朱标的带领下回凤阳老家。一方面祭奠了祖先和开国功臣，一方面聆听父亲的教诲，感受江山得来不易。据说，后来朱元璋亲自命令画师在大本堂的墙上绘制自己南征北战的事迹，令诸子每天早晚进行观瞻。

当时，年仅十岁的少年朱棣，在老家凤阳，第一次听到父亲从一个一无所有的放牛郎成为大明朝开国帝王的奋斗历程，不禁将父亲作为自己一生的榜样，并在心中暗暗发誓要像父亲一样南征北战，建立功勋。

朱棣生在战火中，长在军营下，最后死在战场上。他用一生的奋斗缔造出永乐盛世，成为一代明君。

朱元璋是一个有远大志向的人，从艰苦的岁月中一步步走来，推翻了元朝的统治，建立了大明王朝。朱棣同样也是一个胸怀大志的人，他南征北战，戎马一生，从他童年的经历中，可以看到父亲朱元璋对他的影响之大。可以说，正是从小在父亲教育和影响之下，非凡的志向，博大的胸怀，像种子一样早早种在了他幼小的心灵里，许多年后，迸发出无穷无尽的巨大力量。

志向是一个人行动的指南和动力源泉。一个明确的、远大的志向能够激发人的潜能，驱动人不断前进，不断挑战自我，实现自我价值。

　　"立志当高远"是一种积极向上的人生态度和价值观。它鼓励人们在设立目标和志向时要有远见卓识和高尚追求，不断挑战自我，超越自我，实现自我价值。同时，它也提醒人们要珍惜机会和时间，不断努力学习和成长，为实现高远志向而努力奋斗。

稳健踏实，守得云开见月明

谋略解读

《小窗幽记》中有云："立业建功，事事要从实地着脚；若少慕声闻，便成伪果。讲道修德，念念要从虚处立基；若稍计功效，便落尘情。"创立事业、建立功勋，要脚踏实地从头做起，如果稍微有贪慕声名的念头，达成的成果很容易虚伪不实。讲习道法、修习德行，每个念头都要从虚处打下根基，如果稍微有计较实际功效的想法，便落入庸俗了。

无论要成就怎样一番事业，都需要循序渐进，因为所谓的捷径可能是最远的路，真正的捷径是脚踏实地。

坚定心中的目标，稳扎稳打，在这份脚踏实地的坚持下，一步一个脚印，实现人生价值，这才是真正的强者。

谋略故事一

西汉时期，匈奴十分猖獗，一段时期里朝廷只有通过和亲，才能换得一时的安宁。汉武帝继位后，立志要改变这种局面，在其中起到重大作用的，便是大将军卫青。

卫青的一生极具传奇色彩，他幼时饱受欺凌，在家放羊为奴，后来又做了平阳公主的骑奴。然而正是这个放羊小奴，日后成了战功赫赫的大将军，甚至从公主的奴仆，变成了公主的丈夫。

卫青做骑奴时，姐姐卫子夫被汉武帝选入宫中，卫青也得以到建章宫当差，此后他便凭借着谦虚的态度和机智的头脑一路顺风顺水，这只不过是他传奇人生的开始，后来他在抗击匈奴的战争中七战七捷，成为被世人称颂的大将军，也被后世所敬仰。

建元三年（公元前138年），卫青任侍中、建章监、太中大夫，此后在宫中经历了近十年的历练。元光六年（公元前129年），卫青被封为车骑将军，首次出征便奇袭龙城，从此开始了十年的戎马生涯。元朔二年（公元前127年），卫青收复河朔，获封长平侯；元朔五年（公元前124年），奇袭高阙，拜大将军，连他尚在襁褓中的儿子都封了侯；元朔六年（公元前123年），二出定襄，漠南的匈奴势力基本被清扫殆尽；元狩四年（公元前119年），漠北大战合围单于，匈奴被迫向西北迁徙，"漠南无王庭"，匈奴对汉朝的军事威胁基本上解除了。此役之后，卫青被加封为大司马。

卫青是中国历史上出身较低、功劳较大、官位较高的人物之一，他居功而不自傲，脚踏实地地建功立业，不贪恋虚名浮利，位高权重而得以善终。

卫青出身低微，当他有机会施展抱负时，他坚定心中的目标，一步一个脚印，每一步都是稳扎稳打，最终官至大司马，功勋不可谓不卓著。很多人说是卫青运气好，其实他不是运气好，倘若你能同他一样坚定信念，步步为营，那么最终也会实现自我价值。

现代社会人心浮躁，人们总是表现得特别着急，恨不得一口吃个胖子，总想着走捷径，以为这样就能轻而易举地实现梦想，其实并非如此。拥有强者思维的人，不会急于求成，不会总想着走捷径，他们会给自己时间，踏踏实实地坚定向前，一步步走向自己人生的目标。

谋略故事二

蒲松龄出生在书香世家，当时的年轻人都想着考取功名建功立业，在家庭的影响下，蒲松龄也踏上了考取功名之路。

蒲松龄19岁的时候，接连考上了县、府、道三个第一名，可谓是风光一时。可后来，命运似乎和他开了一个拙劣的玩笑，无论怎么考都考不中，再加上家道中落，命运更是急转直下。

历经了诸多苦难之后，蒲松龄终于厌倦了八股考试，开启了他的传奇，他打算写一部真正的有意思的书。于是他在家乡开设了一个茶水铺，每天烧好茶水等待客人来喝茶，他的茶水铺很有特点，但凡路过的人都可以免费进来喝茶，不收一分钱，但却需要留下一个故事给他。经过长年累月的积累，蒲松龄收集到了许多光怪陆离的故事素材。于是他就开始着手写书，为了激励自己，也为了得到自己想要的，蒲松龄为自己写了一副对联：有志者事竟成，破釜沉舟，百二秦关终属楚；苦心人天不负，卧薪尝胆，三千越甲可吞吴。

正是有了多年脚踏实地的努力，在40岁时，蒲松龄终于完成了志怪小说《聊斋志异》的初稿，后来又经历多次增删修改，成为了传世的佳作。

蒲松龄仕途失意，却在创作之路上大放异彩，经过多年辛勤耕耘，他写出了被后世称颂的佳作。

《道德经》第六十四章中有言："合抱之木，生于毫末；九层之台，起于累土；千里之行，始于足下。"意思是说，两只手都抱不住的参天大树，它也是从小嫩芽开始生长起来的；九层高的高台，它也是从一点一滴的泥土慢慢垒造而来；千里远的路程，也是一步一步走出来的。

"不积跬步，无以至千里；不积小流，无以成江海。"所以，我们不能急于求成，要踏踏实实做事，只有踏踏实实地积累，才能真正做到脱胎换骨。要想有一番作为，必须经过长期艰苦卓绝的坚持，这样梦想之花才会最终绽放。

无论在工作还是生活中，我们做任何事情都不要操之过急，要慢慢来，即便人生暂时过得不如意，即便暂时得不到自己想要的，也不要灰心，只要坚持下来，一切都会迎刃而解。

谋略故事三

朱棣是大明王朝的第三任皇帝，相比建文帝顺利即位，朱棣的上位道路要曲折很多，即便是这样，朱棣依然没有灰心，最终一步一个脚印问鼎了权力的巅峰。

朱棣生于乱世，在他出生的时候，父亲朱元璋正忙着和陈友谅打仗，根本无暇顾及他的存在。朱棣出生后便跟随马皇后生活，虽然他是马皇后收养的，但朱棣骨子里却把马皇后当成了自己的生母。

古代封建社会，长幼尊序非常重要，庶出和嫡出也大为不同，嫡出的皇子要比庶出的皇子有更多的机会。朱棣在众多皇子中排行第四，朱元璋称帝之后，立长子朱标为太子，其余皇子分封为诸王，朱棣十一岁的时候受封燕王，从此以后有了政治身份。

刚到北平就藩时，朱棣安心地做起藩王，他勤政爱民，体恤下属，发展农业，深得民心，身边还聚集了一些能人异士。

洪武二十四年（1391年）八月，朱元璋想迁都西安，便让太子朱标去陕西视察。临行前，朱元璋对太子嘱托道："天下山川，惟秦中号为险固，向命汝弟分封其地，已十余年，汝可一游，慰劳秦民。"朱标明白父亲的意思，他尽心尽力做着父亲安排的这件事，但奈何天妒英才，朱标在回到南京后竟然病倒了，并且很快就去世了。按理说，此时朱棣也有可能被立为太子，奈何朱元璋不按常理出牌，竟然立了孙子朱允炆（即朱标之子）为皇太孙。

得知这个消息后，朱棣心里悲痛万分，他不明白父亲为什么要这么做，对父亲的敬佩之情也逐渐消失殆尽。朱元璋去世后，朱允炆即位。面对朱元璋如此安排，朱棣心里本就不满，不承想朱允炆称帝后竟然马不停蹄地开始削藩，更是把朱棣视为眼中钉肉中刺。面对朱允炆的步步进逼，朱棣知道自己已经没有退路了，于是他下定决心开始一场对最高权力的角逐。

燕王朱棣开始在暗中慢慢培植自己的势力，一方面操练兵马，一方面广纳人才，经过几年的努力，燕王很快集结了一支战斗力惊人的队伍，文人谋士也不在话下。在道衍和尚姚广孝等人的帮助下，燕王朱棣以"清君侧"为由发动了靖难之役，最终夺取了胜利。

从燕王朱棣的故事可以看出，再大的事业，都是一步一个脚印慢慢争取得来的，在积累的过程中，实力自然就具备了。强者在于坚持，在于不放弃，在于不懈的努力。

脚踏实地慢慢来，不是笨办法，而是真捷径，是强者之所以成为强者最稳健的成事之法。

没有谁生下来就是强者，但是可以通过漫长的积累，一点一点提升实力，一步一步壮大自己。好好走好当下的每一步，抓住每一次发展自己的机会，随着时间的推移，自然会有一番成果。

在这个世界上，我们每个人都有自己的时区，真正的强者从来不只关注别人，而是按照自己的节奏脚踏实地一步步向前走，他们相信只要坚持下来，总会走到该到的地方。

人生在世，不争朝夕，只要坚持到底，自然能守得云开见月明。

谦逊有礼,平和而不自骄

谋略解读

《道德经》有言:"江海所以能为百谷王者,以其善下之。"大江大海之所以能够成为百川汇聚的地方,是因为它们善于处在百川的下游。

在人际关系中,若能做到谦虚不傲慢,那么就会拥有更多成长的机会,最终成为强者,若总想着炫耀,收获一点点成就后就目中无人,那么只能让自己止步不前,人生的这条路也很难走好。

谦逊是我们做人的底牌,谦逊待人,别人才愿意靠近你,从而助力你实现自己的人生价值;谦逊处世,方能更好地拥抱成功。

谋略故事一

晚清时期，大臣李鸿章有一次去南京办理公事，因为正好路过家乡，所以就前去拜访自己的恩师徐子苓。刚到徐府恩师的住处，守卫见李鸿章身披官服，气势高贵不凡，一看就像有身份的人，因此便急着进府禀报。

守卫刚想去，不承想被李鸿章拦住了，正当守卫疑惑时，李鸿章问他能否借给自己一身普通的衣裳。守卫当即同意，但是他却不明白李鸿章为什么不穿官服进去，反倒要向他借一套普通的衣裳。

李鸿章看出了他的疑虑，笑着说："我穿着这套官服去拜见恩师，虽然能彰显我的身份，让恩师看到我今日的成就，但这也会让恩师感到不自在，我不想让恩师心里有压力，与其这样不如换上一般的行头，这样我和恩师之间才不会有隔阂啊。"

听李鸿章说完，这个守卫从心里敬佩他的为人，忍不住感叹李鸿章虽然身居高位，没有想到他竟然是如此谦逊的人。

真正的强者，无论取得了多大的成绩，在为人处世方面，仍然十分注重自己的修养，纵然身份高贵依然谦逊有礼，他们懂得换位思考，与这样的人相处当真是如沐春风。

谦虚是一种高贵的品德，也是一种处事的智慧。在职场中，作为老板，如果对待下属能谦逊有礼，那么下属就会尊敬你，会全心全意为公司出力；作为员工如果能做到谦逊，那么就能获得更好的人际关系，让自己的职场之路走得更顺畅。

谋略故事二

《史记》中记载了这样一个故事：

春秋时期，齐国的丞相晏子位高权重，他出门时常乘坐马车，车夫觉得为丞相驾马颇为威风，洋洋得意，十分傲慢，从不把别人放在眼里。

车夫沉浸在这份威风当中不能自拔，有一次，他妻子特意从门旁看到他那副傲慢的姿态，心里特别生气，她没有想到自己的丈夫竟然是这样的人。等车夫回到家里时，他的妻子竟然开始收拾东西准备离家出走。

看到妻子的举动，车夫感到很疑惑，他不明白自己什么地方惹妻子不高兴了，就问妻子原因，妻子倒也没有拐弯抹角，而是直言相告，妻子说："晏子身不满六尺，却能成为一国宰相，即便登上了宰相的高位，依然虚怀若谷、特别谦逊，而你的身高足足比晏子高出两尺，却只是一个驾马赶车的，不仅如此，你为人还骄慢自满，一点儿也不懂得谦逊待人，我替你感到羞愧。所以执意要出走。"

车夫听了妻子的话后，特别惭愧！他便答应妻子，自己一定会积极改变。晏子看到他的改变后,觉得十分奇怪,便询问原因,车夫便把事情一五一十地告诉了晏子,晏子听后很高兴,最终提拔车夫当了大夫。

晏子贵为一国宰相,仍谦逊有礼,车夫身为一介草民,却骄傲自满,趾高气扬。通过这一对比,我们完全可以看出谦虚和傲慢的区别:谦虚的人即便取得了极高的成就仍然礼貌地对待身边的人,他们知道只有尊重别人,才能换来别人的好感与帮助,才能更好地拥抱成功。

谢觉哉《不惑集》中有云:"一知半解的人,多不谦虚;见多识广有本领的人,一定谦虚。"一般来说,真正的本领的人,通常为人谦虚,他们从不会傲慢无礼,而是懂得尊重别人,他们不仅有修养,更有智慧。

曾国藩曾说:"天下古今之庸人,皆以一惰字致败。天下古今之才人,皆以一傲字致败。"

谋略故事三

东汉末年,天下四分五裂,刘关张桃园结义之后,刘备广招贤能异士,当他从徐庶那里得知诸葛亮的才能时,便想请诸葛亮出山帮助自己成大业，为了表达诚意，他亲自登门去请。

在深冬的某一天，刘备带着关羽、张飞到隆中邀请诸葛亮。不承想诸葛亮竟然不在家，刘备只好失望而归。

刘备回到新野后，不断派人到隆中打听诸葛亮何时回家。当他得知诸葛亮外出已经回来时特别高兴，随即便想带上关羽和张飞再度拜访。这一回，张飞有点不乐意了，他觉得诸葛亮只是一介布衣没必要亲自登门，直接派个人接来就行了，但是刘备认为诸葛亮是当代大贤，不能这么随便，一定要亲自去请，最后刘备说服了他们，三人再次骑马直奔隆中而去。

这一天大雪纷飞，北风呼呼地刮，冻得人脸生疼，张飞便不想去了，想等到天晴的时候再去，但刘备坚持要去，他认为这样做才能表明自己的诚心，不承想，这一次他们冒雪而来还是没有见到诸葛亮。关羽和张飞非常生气，但刘备却表示这次见不到下次再来。

第二年春天，刘备第三次去请诸葛亮时又遭到了关羽和张飞的反对，关羽直言诸葛亮的架子太大了，两次去都请不到，不仅如此，他还觉得诸葛亮是无能之辈，不是不在家而是不敢相见罢了。听到关羽这么说，张飞更是气不打一处来，嚷嚷着要把诸葛亮绑来。

但好在刘备最后说服了关张兄弟二人，这次总算见到了诸葛亮，但当时诸葛亮正好在睡午觉，刘备怕打扰对方，便谦逊有礼地在外面等候，见了诸葛亮之后，刘备便说了自己的政治抱负，希望能得到诸葛亮的帮助。

这一次，诸葛亮终于被刘备谦逊的态度和诚恳的情意打动，于是就答应了刘备的请求，跟他们一起离开隆中茅庐，出任了刘备的军师。在诸葛亮的帮助下，刘备建立了蜀汉政权。

由此可见，刘备是一个极其谦逊的人，如果刘备没有谦逊的姿态，不肯三顾茅庐请诸葛亮出山，那么他自然不会得到诸葛亮的帮助，三国的历史也可能是另外一番景象了。诸葛亮之所以愿意出山，正是从刘备谦逊的态度中看出了他的诚意，认为他是一个有抱负、有理想、有修养的人，是一个在其辅佐下能够成就一番大业的人。

古往今来，大凡成就了一番伟业的人，无不拥有一颗谦逊之心，三国时期的明君刘备如此，明成祖朱棣也是如此。

当朱棣还是燕王时，他虽然贵为皇子，但是对待身边的谋士和将领有礼有节，从不怠慢。道衍和尚姚广孝从南京追随他来到北平，二人一路相互扶持，一起经历了很多惊心动魄的时刻，也一起处理并解除过许多危难，朱棣尊称姚广孝为"少师"，对其尊敬有加。另外，朱棣对袁珙等人也极其尊敬。在朱棣看来，这些人不仅是自己的下属，也是志同道合的战友。

"满招损，谦受益。"成熟的稻穗都是谦逊低头的，只有那些空空如也的稗子，才会显得招摇，始终把头抬得老高。狂妄自大的人，往往喜欢虚张声势，而真正的强者，从不会夸夸其谈，他们懂得人外有人、天外有天的道理，只有自视其高、一瓶子不满半瓶子晃荡的人才觉得自己很厉害。

要知道，谦逊是一种风度，一种高尚的境界，也是一种达观的处世姿态。

为人谦虚的人才是生活的智者，这样的人更容易成功，更容易成为强者。

现代社会生活中，在与人相处时，一定要做到谦逊，这样会有更多的人愿意与你交往，人际关系也会变得更和谐，未来的道路会更加好走。

《论语》中有云："君子泰而不骄，小人骄而不泰。"意思是说君子有傲骨，但没有傲气，有着坚强内心的同时，能谦恭有礼，待人和善；小人有傲气，但无傲骨，只会处处显摆，骄矜自胜。

处事无非人性,谋局无非人心

　　对人施以恩惠,目的是笼络人心;严格要求下属,是树立威严,为的是增强上位者的威慑力。
　　恩威并行是一种经久不衰的管理之道,背后蕴藏着高明的谋略智慧。

赏善罚恶，会驭人，更能容人

谋略解读

"恩威并行"最早出自《三国志·吴志·周鲂传》，"赏善罚恶，恩威并行"，是恩德与威慑同时并行。恩威并行是一种经久不衰的管理之道，背后蕴藏着高明的谋略智慧。

如果上位者过于软弱，则必不能服众；但如果上位者过于强硬，以权压人，同样不符合谋略的思维。对人施以恩惠，目的是笼络人心；严格要求下属，是树立威严，为的是增强上位者的威慑力。所以高明的管理之道，是恩威并行，既能通过"恩"对下属表现出恩惠和宽容，也可以通过"威"向下属展现出威严和力量。这就达到了既能收买人心，又能威慑人心的双重目的。

无论是"恩"还是"威"，不过都是达到目的的一种谋略手段而已。如果一个上位者能够找到"恩"与"威"之间的平衡点,那么无论是谋局还是谋事,都将会有所收获。

谋略故事一

在中国历史上,唐太宗李世民是一个具有卓越的领导才能的人,他拥有深邃的政治智慧,其中,"恩威并行"就是他治理国家和管理群臣的重要策略之一。

在唐朝贞观年间,东突厥时而来犯,李世民一怒之下,派名将李靖率军征讨东突厥。李靖不负众望,率军挥师北上,与东突厥进行了激战,之后取得了重大胜利。然而,在胜利之后,李靖手下一些不守规矩的士兵竟然在城内抢掠了百姓的财物,这一消息传回朝中,引起了朝中大臣的不满。有大臣义愤填膺地向李世民参奏李靖,说他罔顾国法,纵容士兵烧杀抢掠,按律法当罚。李靖得知这一消息后非常害怕,担心自己会受到严厉的惩罚。

在朝堂上,李世民严厉地训斥了李靖治军不严,纵兵为祸,这让李靖心中忐忑不安,以为必将受到重罚。然而,出乎所有人的意料,李世民在朝堂上当着文武百官的面训斥过李靖之后,又在内殿单独召见了他,这一次李世民一改之前的严厉态度,一脸高兴地庆贺李靖在与东突厥之战中取得胜利,平安班师回朝,另外又对李靖此次打败东突厥，震慑一方，深表欣慰。最后，李世民表示李靖虽纵兵为祸，但功大于过，明确肯定了李靖的功绩，并对他进行了赏赐。

李世民的这一举动，让李靖深感意外，并大受感动。李世民在文武百官面前对李靖进行严厉的训诫，是在显示其威严的一面，不仅是对李靖，同时也是向满朝官员立威，这一行为给李靖造成了很大的心理震慑，可以说成功地显示出了皇帝的威严和力量；同时，李世民又单独召见李靖，不仅充分肯定了他打败东突厥的功劳，并对他平定边患的功劳予以奖励，这又充分地显示了宽厚、仁爱的一面，可以说此举成功让李靖放下心来。

李靖原本以为他会受到惩罚，但李世民却以恩德和威慑并行的方式处理此事，不仅让李靖心服口服，而且也让满朝群臣及士兵看到了李世民的公正和明智。

这个故事充分展现了唐太宗李世民高超的用人智慧和治国谋略。他既能够严厉地惩罚那些违反纪律的人，又能够宽容地对待有功之臣。这种谋略和智慧使得他在治理国家时能够保持公正和明智，同时也能够赢得臣民的信任和尊重。

除了这个故事之外，唐太宗还有许多其他恩威并行的历史事迹。例如，他在处理功臣和将领时，既能够给予他们应有的赏赐和荣誉，又能够对他们进行严格的监督和约束；在处理朝政和民生时，他既能够推行有益于国家和人民的政策，又能够严厉打击那些贪污腐败、鱼肉百姓的官员。这些做法都体现了唐太宗恩威并行的治国智慧。

恩威并行的关键在于充分利用赏罚两种手段，达到综合效果。如果只强调恩德而缺乏威慑，人们可能不会对规则产生敬畏之心；而如果只强调威慑而缺乏恩德，又可能导致人心离散，失去凝聚力。因此，恩威并行是一种平衡和调和的艺术，需要领导者具备高超的智慧和才能。

谋略故事二

朱棣自幼在军中长大，在军队中有功必赏，有罪必罚，赏罚分明，他把恩威并行的管理之道运用得炉火纯青。

朱棣即位后，对作战有功的将领和士兵，不论职位高低，统统进行了封赏。当初小小的都指挥佥事张玉被追封为荣国公，原来的燕山护卫副千户朱能被封为成国公，同时朱棣还授予他们"三世赠王"的恩赐。对张玉、朱能等十几个立下赫赫军功的人，不仅封侯封爵，还对于他们的子孙也分别赐予了袭职的特权。要知道按当时朝廷的规定，功臣子孙袭职前都必须通过武艺考试，但朱棣在封赏了所有有功之臣后，大手一挥连他们的子孙也赐予了袭职的特权，这可以称得上是大手笔了。

朱棣对有功之臣大行封赏之后，还破例厚待他们的子孙，这一举动感动了无数朝臣，朝臣们无不对其感激涕零，朱棣在朝臣心中树立了一个有情有义、赏罚分明的明君形象。

史书上还有这样一段记载，朱棣在一次渡江时，有一名叫周小二的船工为朱棣开船，他十分感激，一直谨记在心，后来并特意下旨赐给周小二两匹绫罗绸缎，一百锭银子作为赏赐，擢升他为巡检，负责地方治安和巡逻，并免除了他三年的徭役。周小二为朱棣所能做的也许并不多，但却得到了朱棣丰厚的奖赏。

不得不说，朱棣是一个智慧贤明的君主，深谙治国管理之道，运用恩威并行的管理之道，使得臣民对他心悦诚服。

恩威并行不仅包含着治国的谋略，在现代社会中仍然具有广泛的应用价值。

在日常人际交往中，恩威并行这种方法能帮助我们有效地建立和维护一段健康的人际关系。

在为人处世的过程中，我们要注意多多关心、支持和帮助他人，通过这种宽厚友善的方式可以与人建立起深厚的信任和尊重，这样人们便更愿意跟随和支持你。同时，我们在为人处世时，做人要表现出有明确的原则，做事要有严格的底线，有操守，有坚持，有所为有所不为，通过这种"威"进一步增进他人对你的认识，从而让他人更加尊重你。

该软的时候软,该硬的时候硬。由此可见,恩威并行也不失为一种行而有效的处事方式。

一般在企业的管理中,通常会有严格的规范和制度,对表现不佳的员工进行约束和惩罚,同时设有奖金和激励制度,从而激发员工的积极性和创造性,这种管理方式可以使得组织内部既有和谐的气氛,又有严格的纪律,从而达到更好的管理效果。

在具体的管理中,从工作上和生活上,关心和帮助下属,就是"软";当下属在工作上出现纰漏或给公司造成损失的时候,也要根据相关规范制度进行一定的惩罚,这是"硬",这样不仅能够帮助领导者在团队中树立威信,提高团队的凝聚力和执行力,也能确保企业的稳定和发展。

所以说,恩威并行是经久不衰的管理之道,更是一种高明的谋略。

以诚待人，以信相交，用人不疑

谋略解读

欧阳修在《论任人之体不可疑札子》中写道："任人之道，要在不疑。宁可艰于择人，不可轻任而不信。"

用人不疑，是管理者重要的管理谋略，蕴藏着深刻的智慧。宁可在选择人才的时候，多加考察，多加选择，不要轻易地任用某人却又不信任他。用人最重要的道理，就是信任。

"用人不疑"是一种深刻的领导智慧和信任的精神，它也彰显出用人的智慧和成事的谋略。我们选定好的人选，在任用时就要放心大胆地信任对方；一个人即便能力出众，但你如果不信任他，大可选择不去任用，也好过勉强任用之后的怀疑。

用之而生疑，管理者不得安心，被任用的人也不能放开手脚，这定然不是良性的管理关系。所以，善于谋略者都深谙"用人不疑，疑人不用"的道理。

谋略故事一

在三国时代，诸葛亮在刘备的麾下担任重要职位，而他的哥哥诸葛瑾则在孙权的麾下效劳。

诸葛瑾在孙权的朝廷中受到了极高的尊重和信任。他从最初的长史晋升为南郡太守，再后来成为大将军，兼任豫州牧。

然而，诸葛瑾的接连晋升也引起了一些人的嫉妒。有传言称，诸葛瑾实际上被他的弟弟诸葛亮所利用，他表面上为孙权效力，暗中却支持刘备。这些谣言愈演愈烈，一时间传得满城风雨。

陆逊是东吴的名将，善于明辨是非。当他听到这些谣言后，大为震惊。他深知诸葛瑾是一个行事坦荡、忠心耿耿的人，因此决定挺身而出，为诸葛瑾辩护。

陆逊向孙权上表，申明诸葛瑾是忠于孙权的，绝无任何不忠的行为。他恳请孙权不要轻易相信那些谗言。

孙权对陆逊的正直深感赞赏，对他说："子瑜（诸葛瑾的字）与我共事多年，他的为人我非常清楚。他从不做出格的事，也不会说出格的话。他对我以及对东吴的忠诚是无可置疑的。想当年，刘备派诸葛亮来东吴，我曾对子瑜说：'你与孔明是亲兄弟，按理说他应跟随你，你为什么不把他留下来？'他回答我：'我弟弟诸葛亮已投靠刘备，应效忠刘备；我在您手下做事，应效忠于您。这种归属决定了君臣之分，从道义上说，都不能三心二意。我兄弟不会留在东吴，就如同我不会到蜀汉去是一样的道理。'这些话足显其高贵品格，谣言绝非事实。"

孙权还告诉陆逊，前不久他看到那些对诸葛瑾不利的奏章后，当即封起来并写了一封亲笔信派人交给诸葛瑾。很快，他就收到了诸葛瑾的回信，信中论述了天下君臣大节自有一定名分的道理，使他深受感动。

最后，孙权语重心长地对陆逊说："子瑜对我忠肝义胆，我知道你和他是好朋友，对我也是一片拳拳之心。我就把你的奏表也像过去一样封好，交给子瑜去看，也好让他知道你的良苦用心。"

面对诸葛瑾所遭受的不公平指责和谣言攻击，孙权始终保持清醒的头脑和明智的判断。他并没有被谣言所迷惑，反而更加信任和重用诸葛瑾。他知道诸葛瑾是一个忠诚、有才华的人，因此，他仍然像以前一样将重要的奏章封起来拿给诸葛瑾看，这无疑是对诸葛瑾才华和人格的一种肯定和嘉奖，也进一步增强了诸葛瑾对孙权的忠诚。

孙权任用诸葛瑾出任重要职务，并且在谣言四起时，能够与诸葛

瑾坦诚以待，彼此信任，这是十分难得的。这足可见，孙权的用人之道和诸葛瑾的忠诚，这样才能做到君臣一心，共谋前程。

用人不疑彰显出一种用人的智慧和谋略，如果管理者或者上位者，都能够像孙权一样拥有如此的胸襟气魄，定然能够网罗并留住大批优秀的人才，何愁事业不成呢？

"用人不疑"的领导智慧，在现代企业中仍发挥着十分重要的作用。

在现代企业管理中，团队协作变得越来越重要，这就更加强调了信任与责任的重要性。一方面，要求管理者要充分信任员工，才能激发员工的积极性和创造力，形成高效的工作氛围；另一方面提醒管理者在选拔人才时要谨慎，一旦选择就应给予充分信任和支持，这样才能建立稳定、和谐的人际关系，推动个人和企业的共同成长。

谋略故事二

宋晟在明朝建立之前，就已经跟随明太祖朱元璋南征北战，是朝廷的股肱之臣，并且展现出了他的大将之才。在朱棣当政时期，宋晟被任命为后军左都督，拜平羌将军，负责镇守甘肃边境。

朱棣用人不疑，对宋晟表现出了极大的信任。

首先，他让宋晟全权处理甘肃的军事事务，甚至允许宋晟不必事事请示朝廷，可以自行酌情处理。

其次，各地驻守的朝廷要员需要定期进京朝见皇帝，朱棣特为宋晟破例，允许他非诏不必进京，专心于西北的边防事务。朱棣曾对宋晟说："西北的边防事务全部都托付给你，如果不是朝廷诏命不需要来南京觐见。"

在宋晟驻守甘肃期间，他尽心尽力，将甘肃驻扎官兵治理得兵强马壮、纪律严明，使得百姓安居乐业。朱棣对宋晟的治理成果非常满意，并对他忠君爱国的精神赞赏有加。

在永乐二年（1404年），有御史奏劾宋晟窃弄威权。面对这样的弹劾，朱棣并没有立即采取严厉的措施，而是深思熟虑后，对宋晟表示了充分的信任。朱棣谕侍臣说："任人不安，则不能成功。"他认为大臣奉命镇守边塞，不能过分拘泥于文法。

他接着对宋晟说："御史奏你专擅，此言官欲举其职，而未谙事理。为将不专，则事功不立。我既命你督理边陲，事有便宜，即行而后奏陈。"这句话的意思是说："御史上奏说你专权擅断，这是言官想要履行他们的职责，但他们并未真正了解事情的实际情况。你作为将领，如果不专心致志、拥有决断权，那么事情就难以成功。我已经命令你负责督理边陲事务，如果有紧急情况或需要灵活处理的事情，你可以先行动，然后再向我奏报。"

在面对御史对宋晟的弹劾时，朱棣没有盲目听从，而是经过深思熟虑后，选择了信任自己任命的将领。他认为，作为君主，应该给予将领充分的信任和自主权，让他们能够根据自己的判断来行事，从而能够灵活机动地处理边防事务，为国家创造出更大的价值。朱棣这种用人不疑的态度和管理方式，不仅让宋晟等将领感受到了器重和信任，也激发了他们为国家效力的决心和热情。

这个故事充分体现了朱棣的管理之道和用人的智慧，同时也显示出朱棣对言官可能存在的因不了解实际情况而对宋晟产生误解的宽容态度，展现了他作为一位杰出君主的智慧和胆识。

无论在日常的工作还是生活中，都离不开"诚"和"信"的谋略思维。员工"诚"则会对老板、上司坦诚说出自己的工作困境和想法，如此才能更加促进彼此之间的了解和信任；老板"信"，员工才能心无旁骛地发挥自己的聪明才智，如此双方一起努力，共同推进企业发展和进步，从而为社会创造出更大的价值。

这才是良性健康的管理关系。

攻心为上，让人心悦诚服

谋略解读

西晋陈寿在《三国志·蜀书·马谡传》中写道："夫用兵之道，攻心为上，攻城为下。心战为上，兵战为下，愿公服其心而已。"

众所周知，任何时候武力只能暂时解决问题，别人表面屈服并不代表心里臣服，而攻心就不一样了，双方不需要兵戎相见，就能让别人真心地臣服，它能从心理上瓦解别人，从而达到自己的目的。

攻心的首要任务就是要了解对方的心，了解对方的心理需求，然后投其所好，予人所需，正中下怀，如此方能为自己所用。

由此可见，攻心不只是简单的手段，实则是一种超凡的智慧谋略，倘若我们能在错综复杂的竞争环境中，善于运用攻心的谋略，那么便能在竞争中屹立不倒，永远立于不败之地。

谋略故事一

明朝心学大师王阳明曾经说过："盖用兵之法，伐谋为先；处夷之道，攻心为上。"在他看来看，调兵作战，首先要用谋略来克制敌人；而要彻底地将敌人消灭掉，最好的办法就是让他们从内心对自己感到敬畏进而服从于自己。

王阳明一生中曾数次参与平乱。在每次作战之前，他都要发布榜文，让当地百姓明白他打仗的原因，并让山贼土匪们意识到自己所犯下的错误。更重要的是，王阳明给了他们非常宽容的政策，而绝非一网打尽、斩草除根。于是，在王阳明的这番操作之下，有很多误入歧途者意识到了自己的错误，心服口服地缴械投降。

在平定朱宸濠叛乱之后，由于叛乱的中心在南昌，而南昌东南面的安仁、余干等地还有叛乱的余波。为了能够消除这个隐患，王阳明认真分析了当地百姓作乱的原因：一是地处偏僻、分散的居住环境，给人们造成了一种天高皇帝远的错觉；二是因为政府的赋税不均引起了百姓的不满；三是官府没有采用正确的方法来处理百姓的反抗，所以才导致有一部分人敢于铤而走险。总结了这三点原因之后，王阳明草拟了一道具有教化性质的榜谕，以安抚当地百姓，从而有效避免了小规模战争的爆发。

王阳明不仅在战后重视"安人心"，就是在战争进行中他也广泛采用这种策略。比如，他在征剿思州和田州的时候，当军队开拔到了南宁一带，他并没有马上发动进攻。原来王阳明深知广西的老百姓连年遭受战火的蹂躏，已经苦不堪言，所以不忍心再对他们使用武力，竟遣散了调集过来的士兵，让百姓亲眼看见朝廷并非要对他们斩尽杀绝，而是要以德服人。正因使用了这种攻心的策略，成功地安抚住了民心，让王家军成为一支正义之师，也让王阳明在百姓心中的地位与日俱增。

王阳明的军事思想核心是消灭战争，而是不是消灭敌人。纵观由他亲自指挥的六次战役，没有一次是为了消灭敌人而发动的，每一次都是为了平定叛乱、维护国家安定。正因为王阳明站在国家和百姓的立场上去指挥战争，所以才能得到如此广泛的理解和支持。

一个人表面上的臣服并不一定是真的臣服，只有发自内心的认可才是真的臣服，王阳明深谙这个道理，所以他不会使用武力，而是以攻心为上，以德服人。

由此可见，攻心尤为重要。

无论是在工作，还是在生活中，当我们遇到问题时，不要崇尚武力，应以攻心为要，这样当我们在种种考验面前，才能一马当先，冲破重重阻碍，最终摘取强者的桂冠。

现代社会竞争非常激烈，当我们在处理问题时，应该注重从心理上影响和改变对方，而绝不能一味地想通过强硬的手段制服对方。如果手腕过于强硬，往往会适得其反，不如沉下心来，强大自己的内心，洞悉对方的需求，积极寻找说服对方的机会。

当我们修炼到一定境界的时候,心中潜藏的那种威慑力量就会不自觉地展现出来。切记,攻心谋略之根,来自我们强大的内心世界。

谋略故事二

三国时期,南中地区是蜀汉征伐北魏的可靠后方。但南中地区少数民族的领袖孟获,刚开始对蜀汉并不是忠心耿耿的。

由于失去了荆州,关羽败走麦城,被吴军大都督吕蒙俘获,至此丢了性命。关羽的死对刘备打击很大,他便立刻去替结拜兄弟关羽报仇,结果被东吴打得大败而归,不久之后就病死了。孟获得到这个消息后,便造起反来。

诸葛亮为巩固大后方,分兵两路讨伐孟获,一举将孟获活捉。

当孟获被抓后,他一点也不服,对诸葛亮说:"我是中了你们的埋伏才被捉住的。如果是正大光明地打,你们不是我的对手。"

听孟获说完,诸葛亮便放孟获回去了。孟获回去后,认真准备了一番,等第二次与诸葛亮较量时,结果他再次兵败被俘。即便是这样,孟获依然不服气,诸葛亮便又一次把他放了回去。

就这样来来回回,一连打了七仗,诸葛亮对孟获七纵七擒。当第七次捉住孟获后,诸葛亮怕孟获不服又要放他回去,不承想孟获心悦诚服地说道:"现在我算服了,今后我们南中人绝不再反叛。"见到孟获心悦诚服，诸葛亮便传令摆下酒宴，宴请孟获及少数民族的各路酋长，仍旧让孟获担任南中地区各少数民族的头领，三路大军会合于滇池，南中宣告平定。

通过这个故事可以看出，诸葛亮特别懂得攻心，第一次捉住孟获以后原本可以把他杀了，但杀了一个孟获，还会有更多个孟获站出来，而且他们依然不会服气。

因此，与其直接杀了孟获，不如放他回去继续和蜀汉较量，直到打得他心服口服，这样他自然就不会再犯上作乱了。

攻心虽为用兵之道，也是一种谋略，在很多场合都大有作用。

在现代职场中，作为老板和领导，要了解员工的真实需求，在满足员工心理需求的情况下，才能让他们心悦诚服，这样员工做起事来自然会特别用心。这不是教我们诈，而是真诚地将心比心，真心地关心员工工作上的困难、思想上的烦恼，甚至生活上的困境，只要能够打动对方的心，双方就能够建立彼此信任的良好关系。

谋略故事三

明成祖朱棣特别善于攻心，这点从靖难之役就可以看出来。当时靖难的起兵口号是"清君侧，靖国难"，虽然这个理由看上去冠冕堂皇，但却十分高明。

朱棣在起兵誓师时说："'《祖训》云：朝无正臣，内有奸恶，必训兵讨之，以清君侧之恶'。今祸迫予躬，实欲求生，不得已也。义与奸邪不共戴天。必奉行天讨，以安社稷，天地神明，照鉴予心。"

朱棣慷慨激昂的起兵宣言，无非是希望世人觉得他师出有名，再加上建文帝朱允炆正在极力削藩，朱棣被逼迫得退无可退，这在很大程度上引起了不少人的怜悯和同情心，于是很多人都成了朱棣的支持者，纷纷表示愿意誓死追随朱棣起兵。靖难之役就此打响了。

自从朱棣就藩北平以来，北平的百姓在朱棣的治理下安居乐业，农业也得到了很好的发展，这一切无不说明燕王朱棣确实是一个好的领导者。

燕王朱棣自幼在军中长大，骁勇善战，可以算得上战绩卓著，因此当时燕军上下都对燕王朱棣特别有信心，加之朱棣慷慨激昂的说辞，更加坚定了将士们的作战信心。

据史料记载，誓师快要结束的时候，"忽然风云四起，天空阴晦，咫尺不辨人，北风震吼，旌旗摇动，三军益发肃穆，犹如大变即将来临。不一会儿，东方云开，露出青天尺许，有光烛地，洞彻上下。"

出现这种情况，将士们的脸色不自觉地开始变得异常，无不心有所动。燕王朱棣与道衍和尚和旁人的神色不同，他镇定自若，声称天有此异象，正是起兵的吉兆，这是上天的号令。在朱棣的解释之下，将士们的心也随之豁然开朗，顿觉士气大增，前途无量。

不仅如此，登上权力顶峰之后，朱棣攻心的举措也不少。比如，在永乐时期，他设立朝廷行政的中枢机构——内阁，精心选拔出七位内阁重臣。

有一天，朱棣在宫中召见了这七位内阁大臣，并诚恳地对他们说："你们每天在我身边尽心尽力，非常辛苦，这些我都看在眼里，"接着又说，"现在看来一切都挺好，可长久下去就很难了，我真的希望你们一直跟着我呀！"

朱棣说完后，七位大臣赶紧回答说："能跟随陛下是我们的福气，您这么信任我们，我们怎敢让您失望呢？"

从最后这个故事来看，表面上朱棣对内阁大臣说出自己的真实期待，实则是希望各位大臣们能够再接再厉，为大明王朝贡献自己的聪明才智。其中也不难看出他隐藏的另一层深刻的意思，那就是他想让大臣知道，如果没有他这个皇帝就没有他们各位大臣的今天，这些大臣们又不傻，自然知道知恩图报，全心全意地辅佐朱棣了。

从这个故事可以看出，攻心是多么有智慧的一种谋略，一旦让别人心悦诚服，那么无论做什么事，都会有事半功倍的效果，自然也就更容易达到目的。

在现代社会活动中，攻心的谋略智慧也被广泛应用。

在商业谈判中，通过了解对方的需求、利益和心理，采用合适的策略和方法，可以更容易地达成合作和共赢。在人际沟通中，通过理解对方的情感、想法和态度，采用适当的沟通方式和技巧，可以建立更好的人际关系和信任。

征服人心，将无往而不利

谋略解读

北宋文学家苏洵在他的《心术》中有这样的话："为将之道，当先治心。"由此可见，人心向背的重要性。

这个世界上最贵的就是人心，人心齐泰山移，得人心者在事业上往往更容易得到帮助，失人心者成功的概率相对就小。

在人际交往中，倘若别人遇到困难，你能及时伸出援手，那么当你遇事的时候，别人自然会尽心帮你。人都是有感情的，赢得人心的关键是能为别人着想，善于为别人着想，自然也更容易得到他人的帮助和支持。

无论是治理一个国家，还是领导一个团队，把征服人心放在首位是明智之举。

谋略故事一

春秋时期，秦国的君主秦穆公曾经在出宫办事的时候，不小心丢失了自己的战马，那是一匹不可多得的好马，十分得秦穆公的喜爱。

战马丢失后，秦穆公派出侍卫们前去找马，一行人终于在一个小村子里找到了秦穆公的战马，但是此时战马已经被杀掉了，不仅如此，村子里有一群人聚集在一起正在吃马肉。看到这种情形，秦穆公的侍卫上去就要拘押这些百姓，百姓非常害怕，纷纷跪地求饶。

这些百姓本来以为他们必死无疑了，没想到秦穆公不仅没有惩罚他们，反而赏赐给了他们一些美酒，还对他们说："光吃肉不喝酒怎么能行，所以我赏赐你们美酒，尽情享用吧。"

吃了皇帝的战马，又喝了皇帝的美酒，那些百姓从心里佩服秦穆公。

秦穆公知道流民吃战马不对，但是他们实在太饿了，也是没有办法。而自己身为仁君，怎么可以因为一匹马而伤害百姓的性命呢？秦穆公虽然损失了战马，但却得到了人心。

有一年，晋国攻打秦国，晋军来势汹汹，秦穆公不幸被晋军包围了，当时的战争形势十分危急，秦穆公甚至觉得自己可能要死在这里了，正当他绝望的时候，突然不知道从哪里冲出一群人，他们奋起杀敌，打败了晋国，这反倒让秦穆公反败为胜了。退敌之后，他们还成功地解救了秦穆公。秦穆公很好奇这些人为什么帮助他，他们说是要报答秦穆公当年的马肉和美酒之恩。

失去了战马,得到了人心。秦穆公因为自己的善举而得到了民心,正因为如此,他在危急关头得到了流民的帮助,成功逃过一劫。如果当时秦穆公惩罚了吃马的流民,虽然也不算错,就不会得到民心,那么当他身陷险境的时候,自然也就不会有人来救他了。正所谓得人心者得天下,真正的强者懂得人心的重要性,都是掌握人心和征服人心的高手。

人非圣贤,孰能无过,遇事总是计较,就会失去人心。与其计较不如选择原谅,这样别人就会对你心怀感恩,一旦遇到危险了,别人便会来帮忙。

我们要懂得人心的重要性,得饶人处且饶人,这样做不仅能收获善意和好处,还能给自己留下美名,何乐而不为呢?

谋略故事二

刘邦起义后,带领众人进入沛县县城,入城后,城中父老想推举他为沛县县令,刘邦推辞说:"当今天下大乱,各路诸侯并起反秦,如果选择将领不当,将会一败涂地。我不是爱惜自己的性命,只是担心自己的才能薄弱,不能保全沛县的父老兄弟。这等大事,愿大家推举可以胜任的人。"

刘邦言辞恳切，一心为百姓着想，这让百姓们对他更加信任，因此最终还是推举他做了沛公。当然刘邦志不在沛县，自从第一次去关中，在咸阳观览秦始皇车驾出游之后，便做起了皇帝梦。

当沛县父老推举刘邦为沛公时，虽然他表面上谦让，但实际上他深知在场的人谁也不敢为首领，他再三推让，不过是为了表明他带头起义不是出于私心，不是为了封侯称王，而是在父老兄弟们的再三推举之下，不得已而为之的行为，目的是救民于水火。同时也是为了方便日后有效地管束部下，既然他是被众人推举的，众人自然应当服从他的管束和指挥。

其他几路起义军首领起义的目的或许是封侯称王，但刘邦与他们不同，刘邦把起义的第一天视为踏上夺取皇帝宝座征程的起点。所以，当他答应沛县父老做沛公时，便胸有成竹地要取代秦始皇。

于是，刘邦、萧何、曹参、樊哙在沛县四处招收弟子，共得3000人，进攻胡陵、方与，还守丰邑，他还命令起义军的军旗一律为红色。刘邦所率领的这支起义队伍，从此加入了秦末农民大起义的洪流之中。

在起义的过程中，刘邦对士兵们非常关心，正因为如此，他得到了士兵的拥戴，在众人的帮助下，从此拉开了角逐天下的序幕，最终战胜了西楚霸王项羽成为一代帝王。

从这个故事中可以看出，刘邦深知"得人心者得天下"的道理，因此在起义时，他就把人心看成最厉害的武器。

作为现代企业的领导人，不要总想着用制度来约束员工，而是要通过对员工的关心来征服人心，如果员工能把企业的成功看成自己的成功，把企业的忧愁当成自己的忧愁，那么企业何愁发展不好呢？

谋略故事三

据说，靖难之役时，有一次，燕王朱棣带领一小部分精锐之师前往阵前查看敌营情况，在归营途中，他在路边看到了一个因为受伤而呻吟的士兵。

面对这种场景，朱棣没有丝毫犹豫，立即下马亲自扶起了这名士兵，并查看他的受伤情况，然后让自己的贴身侍卫扶这名士兵上马。随从们见到这种情景，纷纷劝说朱棣："殿下乃是万金之躯，怎么能让个小兵随便骑您的马呢？"

面对随从们的劝说，朱棣动情地说道："人命与马孰轻重？人病不能行，不载之，是弃之矣。吾岂贵马而贱人哉！且彼从吾，尽力而病，吾乃不恤之，岂为人父母之道？"

朱棣言辞恳切，士兵们听后特别感动，觉得自己跟对了将领，很快大家把受伤的士兵扶上了马。

朱棣的这一举动如同寒冬里的火把，温暖了将士们的心，他们觉得朱棣是一个值得跟随的将领，在心里暗暗决定誓死效忠于他。

还有一次，正值腊月寒冬，由于行军需要，朱棣带领大批燕军在野外露营。当时天特别冷，寒风刺骨，打在脸上如同针扎一样疼痛，士兵们没有办法只得靠在一起取暖，但还是冷得受不了，睡觉是根本不可能了。

和士兵们一样，燕王朱棣也感到非常寒冷，他便命人找些东西来取暖。随从们搜寻了半天，好不容易找来几个废弃的马鞍子，点起一堆火，让燕王取暖。

在漆黑寒冷的夜里，这堆火显得很扎眼，看到火光，有几个被冻坏了的士兵也跑了过来，走近后才发现是燕王朱棣，只好停下了脚步。

朱棣的侍卫发现了这些士兵，上前厉声呵斥，要将他们赶走。朱棣制止了侍卫，大声训道："这些都是壮士，勿止之！我身穿两件皮衣还冷呢，何况他们！我恨不能让所有的士兵都来我身边取暖啊！"

听朱棣这么说，在场的热血士兵竟然流下了激动的泪水。就这样，朱棣和士兵们围着一堆火一直到天亮。当时天气极其寒冷，但是士兵们的心里都热乎乎的，他们庆幸自己跟对了将领，在心里默默发誓一定在战场上奋勇杀敌，来报答朱棣的体恤之恩。

不仅如此，对于投降过来的士兵，朱棣也不会为难他们。朱棣曾下令不许虐待俘虏，更严令禁止屠杀俘虏。朱棣对于俘虏的安置是这样的：先是劝说他们留下，愿意留下的就安排到各军营中，不愿意留下来的，朱棣也不会为难他们，而是直接给他们回家的路费，让他们安心回家。

从这个故事我们可以看出：朱棣成功的秘诀之一就是得人心。因为关心下属，朱棣得到了人心，因此使得燕军上下一心，所向披靡。在靖难之役那几年里，朱棣手下的将士们每次都是浴血奋战，奋勇杀敌。

在现代企业中，领导们如果希望员工与自己同心同德，不辞辛苦地为企业做事情，也需要付出真心。人心是相互的，作为领导与其总是对员工提要求，还不如对员工多关心，这样员工才更愿意为公司效力。如果上位者无法得到员工的支持，那么他将很难得到员工的拥护。

这也提醒我们，在平时多善待身边的朋友，广结善缘，这样才可以"得人心"，当自己需要帮助的时候，别人才会毫不犹豫地出手相助。相反，如果平时不注重与人搞好关系，那么当你向他人寻求帮助的时候，别人也未必会帮忙。

不以拙力胜人，四两可拨千斤

转移目标，出奇制胜，以假象迷惑对手，造成对方的错觉，伪装攻击的真实目标，用灵活机动的行动，声东击西，即打即离。

四百四十年不以姓氏相及

谨慎低调，摸清对方的需求

谋略解读

古往今来，那些善于谋略的人，都能够深刻而敏锐地洞察人心。他们能够清晰地把握对方的需求，看透对方的心理活动，推测到对方的忌讳，因此在行事过程中，他们能够根据形势的不断变化，谨言慎行地要求自己，推动局面顺利地向对自己有利的方向发展。

常言道，伴君如伴虎。与上位者相处，更是如此。

很多人认为，谨慎行事是缺乏勇气的表现，实际上并非如此，这是一种对风险和机遇的敏锐感知。这要求人们不仅对他人及身边的情形有深刻的洞察力，还要求人们具备足够的耐心和毅力，如此才能把握好方向，化险为夷，成就大业。

小心才能驶得万年船，具有谋略思维，谨慎、低调、稳妥行事，方能长久地立于不败之地。

谋略故事一

在晋国的历史上，郤氏家族曾经显赫一时，其家族成员多次担任晋国的要职。然而，随着家族势力的日益壮大，郤氏家族里的一些成员开始变得骄纵张扬，其中最为典型的便是郤至。

郤至是郤氏家族里的重要一员，因才华出众，深受晋厉公的宠信，被任命为晋国的重臣。然而，随着地位的提升，郤至逐渐变得骄傲自满，目中无人。他不仅在朝堂上飞扬跋扈，对同僚颐指气使，而且在生活中也极为奢侈，可以说是穷奢极欲。

有一天，晋厉公举行了一场盛大的宴会，邀请了朝中的贵族和重臣参加。郤至作为晋厉公的亲信，自然也位列其中。在宴会上，郤至不仅无礼地抢占了最好的座位，还对菜肴和酒水挑剔不已，稍有不满就大声斥责侍从。

更为过分的是，在宴会进行到高潮时，郤至竟然起身走到晋厉公面前，大声赞扬自己的功绩和才能，并出言嘲讽其他朝臣。他言辞激烈，话语间充满了对晋厉公和其他人的不敬，简直把张扬和傲慢表现得淋漓尽致。晋厉公虽然表面上对郤至的言辞不以为意，但内心却十分不满。

还有一次，晋厉公组织了一场田猎活动。在这次活动中，郤至射杀了一头野猪，这本是一件值得庆祝的事情。然而，当郤至准备将野猪献给晋厉公时，晋厉公宠幸的太监孟张却将野猪抢走。这一举动激怒了郤至，他毫不犹豫地射杀了孟张。这一行为震惊了在场的所有人，也引起了晋厉公的不满和愤怒。

晋厉公认为，郤至这是在公然挑战他的权威和尊严，是对他作为一国之君的极大不敬。因此，晋厉公意识到郤至的骄纵和张扬已经超出了他的容忍范围，他必须采取措施加以遏制。

不久之后，晋厉公联合其他对郤氏家族不满的势力，对郤氏家族展开了打击。郤至作为郤氏家族的代表人物，首当其冲。最终他遭到了晋厉公的软禁，并被杀害，郤氏家族也因此遭到了灭族的命运。

从上面的故事中，我们可以充分地看出来郤氏家族人员的骄纵和张扬。郤至的所作所为不仅引起了晋厉公和其他人的不满和反感，也最终导致了家族的衰败和灭亡。这个故事告诉我们，无论地位多高、权力多大，都应该保持低调和谨慎，避免因为自己的骄纵和张扬而招致祸患。

常言道："鸟三顾而后飞，人三思而后行。"通常人在取得一定成就，或达到一定地位之后，就会受到身边人的尊敬或追捧，而人往往容易迷失在他人的尊敬和赞扬之中，越来越看不清自己，越来越自以为是，如果在这个过程中，他不能够及时地看清身边的一切，很可能会将自己置于一种尴尬的境地。

想要在人情往来中，左右逢源，进退有据，获得上位者的认可，这要求我们在行动和言语上要掌握适当的尺度，既不过于张扬也不过于保守。

知进退，有分寸是一种处事的智慧，也是生存的技能，背后蕴藏着一种深刻的人生哲理，同时也是有心人成功的不二之法。

谋略故事二

朱棣在燕国时，手握兵权，但却一直谨言慎行，不让父亲和群臣抓到一点把柄。

燕王朱棣的兄弟虽多，但争气的却寥寥无几。分封藩王之后，朱元璋的几个儿子，在各自的封地，有的沉迷酒色，有的破坏法度，总之大都表现出一派不学无术的纨绔子弟模样。唯有被分封到燕地的皇四子朱棣，整日勤于政务，关心农事，几年下来将封地治理得井井有条，造福了一方百姓，深得朱元璋的器重。

洪武二十年（1387年），名将蓝玉在征讨蒙古时俘获了一匹名马，他知道燕王朱棣是在战场上长大的，非常喜欢马，于是便派人将马送进了王府。朱棣见到这匹名马四肢修长、膘肥身健、昂首嘶鸣，枣红色的毛在阳光照耀下闪闪发着光，任谁一看都能看出这匹马的名贵，朱棣看了自然也万分喜欢。可朱棣知道蓝玉手握重兵，平日里骄横异常，本就是父亲的心头之患，如果自己与他相交过密，父亲就不得不怀疑他有意结交朝廷重臣，对朝廷有不轨之心了。所以，这匹马他是万万不能收的。

所以，朱棣非但没有收下这匹马，反而大发雷霆，把蓝玉狠狠训斥了一顿："你俘获了名马，应该首先想到敬献给朝廷。你不献给朝廷，反而送到我这里来，当真是不顾及我和父皇的父子之礼啊！"朱棣虽然这么说，其实他的言外之意是批评蓝玉不尊重君臣之礼，朱棣的训斥让蓝玉十分下不来台。后来这件事传到南京，朱元璋心中暗暗称赞朱棣的安分守己。

朱棣在北平的日子里，虽然屡次赢得了父亲朱元璋的赏识和肯定，但是并没有借此耀武扬威，横行霸道，而是处处收敛自己，时时不忘讨父亲朱元璋的欢心，以此来为自己创造一个良好的政治环境。

几年下来，朱棣心中非常清楚父亲朱元璋对自己的器重，这让他高兴的同时，更加令他担忧。因为他深知作为大明王朝的皇子，如果太过无能，那必将无法得到父亲的重用，但是如果实力太强大了，又必然会遭到父亲的猜忌。常言道：伴君如伴虎。所以，朱棣不得不更加谨言慎行，小心行事。

在摸清父亲朱元璋的喜好上，朱棣可谓事无巨细。

在朱元璋68岁生日那一年，诸王为了朱元璋大寿的寿礼可谓绞尽脑汁，但唯有朱棣的寿礼让朱元璋龙颜大悦。其他皇子从全国各地搜罗了许多奇珍异宝，实属难得一见，但都并未讨得朱元璋的欢心。唯有朱棣献出的贺礼，不仅让朱元璋龙颜大悦，而且亲自为这份寿礼和诗一首，特赐给朱棣。那么，朱棣到底送了什么礼物呢？原来是几株嘉禾。所谓嘉禾，就是结穗异常大的庄稼，在古代这样的禾苗一直都被视为祥瑞。

因为朱元璋是一个从农村走出来的皇帝，所以比较关心百姓庄稼的收成，这个礼物可谓送到他的心坎里了。

朱棣这个礼物送得非常巧妙，暗合了朱元璋不喜欢奢华的个性和重视农业发展的主张，这也从另一面证明了，朱棣也像他的父亲一样非常重视农业的生产和发展。如此想来，此举必定是十分讨朱元璋的欢心。

朱棣深谙人性，也能够洞察人心，他懂得做好分内事，不引发他人的攻击。如果朱棣没有这么敏锐的洞悉能力，当蓝玉给他送来名马的时候，他就会欣然收下，那么当朱元璋得知以后，又会作何感想呢，会对朱棣没有一点戒心和怀疑吗？更何况蓝玉后来真的因祸被杀，由此可见，与蓝玉这样手握重兵的人相交本身就是一种巨大的冒险。如果朱棣没有小心处理他和父亲之间的关系，凭借着朱元璋对他的器重为所欲为，朱元璋还会对他如此信任吗？

《诗经·小雅·北山》有云："溥天之下，莫非王土；率土之滨，莫非王臣。"那个时候，朱元璋是大明王朝的皇帝，朱棣虽然备受父亲器重，但却谨言慎行，小心翼翼，不敢越雷池一步。他敏锐地洞悉当下的形势，也对父亲的喜好一清二楚，在做好自己分内事的同时，不仅得到了器重，还没出现任何纰漏。

老子说："慎终如始，则无败事。"足可见，谨言慎行对成事的重要性，这不仅是强者的成事谋略，也是一种处事的人生智慧。

正因为谨言慎行的人，知道自己的处境，能摸透对方的需求，所以他们总能够步步为营。

这样的谋略智慧，在日常生活中也同样可以应用。当面对复杂和不确定的情况时，通过深思熟虑和细致观察，我们就能够更准确地评估风险，并做出更为合理的决策。这种谨慎的态度能够减少因为冲动或轻率而犯下的错误，保护我们自身免受不必要的损失和伤害。

声东击西，出奇谋而制胜

谋略解读

表面上佯装攻打某个方向，实际上却攻打另一个方向，以此迷惑敌人并达到出奇制胜的目的，这就是声东击西这一谋略的高明之处。

声东击西最初来源于古代的军事策略，用于迷惑敌人，使其难以预测真实的攻击方向，从而给己方创造更多的机会和优势。在军事上，这种策略的关键在于转移目标，出奇制胜，以假象迷惑对手，造成对方的错觉，伪装攻击的真实目标，用灵活机动的行动，声东击西，即打即离。

高明的谋略者，都善于运用这一谋略，故布迷阵，让人摸不着头脑，从而赢得有利战机。

谋略故事一

楚汉争霸时期，刘邦率军攻打楚都彭城（今江苏徐州），结果被项羽的军队击败，溃逃到了荥阳地区。此时，许多已经归顺刘邦的将士见势不妙，纷纷投降了项羽。刘邦的降将魏王豹此时也离开汉营，回到了他原来的封地河南，并封锁了黄河西岸的临晋关，切断了汉军的退路，企图与项羽讲和。

刘邦的形势十分危急，他便派部将去说服魏王豹重新投靠汉王，但魏王豹坚决不允。刘邦大怒，决定派大将韩信去征讨魏王豹。魏王豹得知消息后，命柏直为将，率重兵严密防守在黄河西岸的蒲坂一带，以阻止汉军渡河。

韩信率领汉军来到黄河西岸，见蒲坂地势险要、易守难攻，而且对岸又有重兵把守，知道从正面强攻难以取胜。于是韩信命少量兵马在蒲坂对岸扎下营寨，并让他们每日操练巡行，做出汉军要从这里强渡黄河的姿态。实际上，韩信却暗中调兵遣将，把汉军主力转移到夏阳河口，准备从夏阳偷渡黄河，进攻魏王豹。

魏王豹的将领柏直果然中计，以为汉军真要从蒲坂渡河，就向魏王豹报喜，说蒲坂防守严密，汉军无法越过黄河一步。然而，韩信却率领精锐人马乘木筏从夏阳偷渡黄河，直取魏王豹的老巢安邑。魏王豹匆忙召集队伍，仓皇迎战，但已不是汉军的对手，最终惨败并被韩信活捉。

汉军统帅韩信在安邑之战中,用一部分兵力佯动临晋,主力暗至夏阳的手法,引诱轻举妄动的魏王豹,把主力调集到夏阳地区,给魏王豹造成了错觉,巧妙地掩护了自己渡河的真实地点,使数万大军顺利渡河。汉军渡河急进,奇袭安邑要地,一战全歼敌人,至此,韩信成功为汉军解除了后顾之忧,使其能够集中力量对楚正面作战。

军事天才韩信不愧是一个谋略高手,成功地运用声东击西的作战策略,通过制造假象迷惑敌人,转移其注意力,然后出其不意地发动攻击,达到出奇制胜的目的,而这正是声东击西策略真正的精髓所在。

谋略故事二

东汉时期,班超智破莎车的故事,也很好地运用了声东击西的谋略。

莎车国是西域的一个国家,莎车国王先归顺东汉后又背叛,而龟兹国则派遣军队援助莎车国,对东汉构成了威胁。当时,班超作为东汉的使者,正在西域地区进行外交活动,兵力远少于敌人。

面对这种情况,班超决定运用"声东击西"的战术应对,于是他召集了部将和于阗国王商议对策。他故意声称兵力不足，难以与敌人抗衡，并命令于阗军队向东撤退，自己则率军向西撤退。这样做的目的是制造一个假象，让敌人以为汉军正在撤退，从而放松警惕。

龟兹王听到班超军队撤退的消息后非常高兴，果然中计。龟兹王亲自率领一万骑兵去西边截击班超，同时又派遣八千骑兵去东边征讨于阗。然而，班超在龟兹军队出发后，立刻密令各部集结兵力，准备向莎车国发起反击。

在拂晓时分，班超率领的汉军突然袭击了莎车国的大本营。莎车国军队毫无防备，被汉军打了个措手不及，顿时方寸大乱，四散奔逃。班超趁机斩杀敌人五千多人，获得了大量的牲畜和财物。莎车国国王见大势已去，只得投降，而龟兹等国的军队在得知莎车国已经投降后，也纷纷撤退了。

经过这一仗，班超的名字威震西域。他巧妙地运用声东击西的战术，成功击败了比自己兵力强大的敌人，不仅维护了东汉在西域的利益，也展示了自己的智谋和勇气。这个故事也成为中国历史上著名的以少胜多的战例之一。

"声东击西"是一种非常实用的策略和方法，它可以帮助我们在各种复杂的情况下，通过迷惑和误导对方，来为自己争取更多的优势和机会。

谋略故事三

在明军中有一支特殊的部队，全部由蒙古人组成，它的战斗力非常强，那就是朵颜三卫。

燕王朱棣的军事实力虽然是藩王中最强的，但与朝廷的武装力量相比，还是有很大差距的。起兵之初，他并没有绝对的信心。朱棣自知，必须得到朵颜三卫这支骑兵部队的助力，才能够如虎添翼。可以说，朵颜三卫一直是朱棣梦寐以求的部队，可这支部队的辖制权在他的兄弟宁王手中，所以他想设计从宁王处要到朵颜三卫的控制权。

这一天，朱棣率领军队来到宁王的属地，这让宁王十分警觉，宁王虽不满于建文帝削藩政策，但也绝不会与朱棣同流合污，他列好军队严阵以待。可是朱棣却将军队驻扎在城外，一个人单枪匹马进了城，宁王看这架势不像是来找碴儿的，就放他进来了。没想到，一见面，朱棣并没有拉拢自己加入他，而是可怜兮兮地卖起惨来，他说建文帝将他逼得苦不堪言，已无容身之地，想请好兄弟宁王向朝廷求求情，顺便让他在这里逗留一段时间避避难。

朱棣这一番操作下来，彻底让宁王放松了警惕。见此情景，朱棣赶紧顺势提出自己的第二个请求，希望宁王允许他手下的部分官吏进城来，并再三保证他的军队一定会驻扎在城外，绝对不会进城的。宁王看朱棣言辞恳切，想到他们兄弟几人因朝廷的削藩政策被搞得处境着实艰难，心一软就同意了朱棣的请求。

朱棣和他手下的官员来到宁王的地盘后，每日除了吃吃喝喝和与宁王吐槽处境艰难之外，并没有提出任何过分的请求，在宁王看来，自己的这位兄弟虽然看起来威风凛凛，实则也十分畏惧朝廷，根本不足为惧，于是宁王彻底放下了心来。

一段时间之后，朱棣主动找到宁王，表示要打道回府了。宁王自然不多做挽留，毕竟燕王现在是一个危险人物，还是减少接触为妙，但宁王为表心意，提出要为朱棣送行。朱棣听后喜不自胜，请求宁王把他送出城外，宁王想都没想，爽快地应允。

送行当天，宁王率领部下如约将燕王送至城外，双方人马分列而立，简短告别之后，朱棣就说出了此行的真实目的，他想要宁王的朵颜三卫助其一臂之力。宁王一听，才知道自己被朱棣这招声东击西给麻痹了，他生气地一口回绝了朱棣的请求。谁知，朱棣一声令下，周围伏兵四起，很快就控制住了局面。此时，宁王才发现，朵颜三卫的首领已经没有肯听命于他的了。原来这段时间，朱棣每日表面上闲来无事吃吃喝喝，可他身边的臣子，每天都带着重金去游说朵颜三卫的首领，而朵颜三卫本就是因看重朝廷给他们丰厚的俸禄才投奔大明的，现在见利忘义，早已经被朱棣重金收买了。

由此可见，朱棣不仅深谙兵法，更精通谋略，他特意将自己的军队驻扎在城外，表面上向宁王示弱，让宁王帮忙向朝廷求情，以此让宁王放松警惕，博取他的信任，而背地里却用金钱收买朵颜三卫的各个首领，最终成功得到了这支队伍的控制权。可见，真正的谋略高手，能够通过言辞和行为上的引导，隐藏自己真正的目的，通过迷惑对方来达到自己的真实意图。

当然了，这一谋略也提醒我们，在人际交往中，要懂得分辨他人言辞的真假，不要轻易被他人的"糖衣炮弹"所迷惑，要时刻注意保护好自己。

待时而动，精准把握时机

谋略解读

《战国策》中有这样一句话："圣人不能为时，时至而弗失。"意思是说：圣人并不能创造时机，只是时机来到而不错过罢了。

这源于古代的战略思想，强调了在采取行动之前，应该仔细评估形势，找到最有利的时机。机会稍纵即逝，在生活中，很多时候，我们想要取得胜利，也应该要敏锐地判断并抓住最有利的机会，为成功争取最大的可能性。

在现代社会，这个原则依然适用。无论是个人职业发展、企业经营还是国家外交，都需要在等待中寻找最佳时机，以实现最大的效益。

待时而动是一种高明的谋略，这要求我们要等待有利时机，然后果断采取行动,它强调了时机的重要性,并提倡在行动之前要有充分的准备和耐心。待时而动,精准地把握时机,才更有可能取得圆满的结果。

谋略故事一

商朝后期,纣王连年对外发动战争,对内滥施酷刑,残害忠良,民不聊生。他还大兴土木,建造以酒为池、悬肉为林的离宫,整日过着奢侈荒淫的生活,激起百姓和各诸侯国的强烈不满。这时候,一个足以与殷商王朝对峙的强国——周,正在沣水西岸悄然兴起。

公元前1048年,周武王与八百诸侯会于孟津,在孟津举行了声势浩大的誓师仪式,发表了声讨商纣王的檄文,八百诸侯群情激愤,都说:"商纣可伐!"但是周武王听从了国师吕尚(姜子牙)的劝告,认为目前商纣王朝的力量还十分强大,征伐商纣的时机还未成熟,断然班师返回。

公元前1046年,殷商王朝内部矛盾激化,王子比干被杀,箕子、微子、太师疵等王室和朝廷重臣或被囚或外逃,纣王已到了众叛亲离的地步。此时,吕尚对周武王说:"天与弗取,反受其咎;时至不行,反受其殃。"力劝周武王出兵伐纣。周武王盼这一天盼了十几年,立刻下令遍告诸侯:"殷有重罪,不可不伐!"随后以吕尚为主帅,统兵车300辆、猛士3000人、甲士45000人，誓师伐纣。

周军东进，开始的时候，一路上颇不顺利：狂风肆虐，暴雨倾盆，雷电交加，折旗毁车，人马时有伤亡。吕尚巧妙地把这天地肃杀之征解释为鬼神对殷商发怒之状，并大加渲染，不但稳定了军心，还增强了斗志。由于商纣王失尽了人心，四方诸侯及沿途百姓纷纷加入武王的伐纣行列，周军士气日益高涨。

这一年的十二月，吕尚率军渡过黄河，在距殷商都城朝歌仅70里的商郊牧野（今河南淇县西南）召开了誓师大会，历数纣王罪过，揭开了历史上著名的"牧野之战"的序幕。

此时，纣王正与东南的夷人交战，朝歌兵力空虚。周军兵临城下的消息传入朝歌，纣王慌忙把奴隶和战俘武装起来仓促应战。双方在牧野短兵相接。战斗中，吕尚身先士卒，率战车和猛士冲入商军，打乱了商军的阵脚。商军本来就没有斗志，不但不再抵抗，反而阵前倒戈，引导周军杀入朝歌。纣王见大势已去，登上鹿台，自焚而死。殷商就此灭亡。

这年底，周武王班师回到镐京，正式建立了周王朝。

从武王伐纣这个故事中，我们可以看出：时机不到时，要懂得耐心等待，一旦时机成熟，就要果断出手，如此方能大获全胜；如果贻误良机，将会造成不可估量的损失。拥有治国之才的姜子牙无疑是一个谋略高手，同时也是一个谋局的智者，他对天下事洞若观火，精准地把握战机，让周武王讨伐无道纣王，不仅一举获胜，也顺应世道民心，令周武王广受拥护。

时机稍纵即逝，能够辨别时机，精准把握时机，展现了智者的谋略。

待时而动不仅是一种谋略，也是一种深刻的智慧。这需要我们对整个局势有清晰明确的判断，也对我们提出了更高的要求，不仅要磨炼耐心，还要求我们对周边的环境变化有敏锐的感知，而这些都需要我们通过不断地学习所得。

无论我们处于什么样的环境，只要善于把握时机，就能变被动为主动，从而改变自己的命运。

谋略故事二

战国时代，鲁国的施氏有两个儿子：一个醉心于学术，才华横溢，被齐侯赏识，聘为诸位公子的老师；另一个则对军事策略情有独钟，他的兵法深得楚王赞赏，被委任为军队的执法官。施家的辉煌引来了无数羡慕与尊敬的目光，也包括他们的邻居孟氏父子。

孟氏的两个儿子与施家的儿子们有着相同的学习方向，然而他们的生活却相当贫困。孟氏二子对施氏二子的成就是既羡慕又困惑，于是决定向施氏请教如何通过学术和兵法来改变命运。施家的儿子们很友善，毫无保留地将自己的经历告诉了孟氏父子。

受到启发的孟氏长子决定前往秦国，希望以学术赢得官职。然而，秦王却对他的仁义之道不以为然。在秦王看来，当下各国都在以武力争夺天下，扩充军队、储备粮食才是当务之急。秦王认为，孟氏长子提出的用仁义治理国家的想法，无异于自取灭亡，于是对孟氏长子处以宫刑，以示惩罚。

与此同时，孟氏次子前往卫国，希望以兵法获得官职。然而，卫侯对他的策略并不认同。卫侯认为，作为一个弱小的国家，应该在大国之间寻求和平共处，而不是依赖兵法权谋。有人说，如果让孟氏次子安然无恙地离开卫国，他将成为卫国的巨大隐患。于是，卫侯下令砍掉了他的双脚。

孟氏的两个儿子带着满身伤痛和失望回到家，他们的父亲孟氏愤怒地质问施氏为何没有告诉他真实的情况。施氏则以深沉的智慧回答道："你们的失败并非因为你们的做法有误，而是因为你们没有看清当今天下的形势，你们提出这种思想的时机不对啊！天下之道无恒常，今日之用或为明日之弃，或为未来之需。你们需要看清时势，根据形势如理地进言啊！"

施氏的话语让孟氏父子陷入了深思。

不能说孟氏二子没有思想和学识，但他们却无法得到君主的重用，甚至还遭到惩罚，原因就在于，他们空有一肚子学识，却对天下大势缺乏基本的判断力和把控力，提出的都是些不合时宜的治国思想和方略。

在追求目标的道路上，我们需要保持敏锐的洞察力，灵活应对变化，如此才能判断出时机，并有利地把握住时机，如此才能在这个不断变化的世界中，避免失败，实现成功。

谋略故事三

朱棣"靖难"起兵之后，远在南京的建文帝朱允炆如临大敌，仓促应战。因为经过朱元璋一朝，那些能征善战的将领几乎全部不在了，他盘算再三能勉强拿得出手的，只有先帝时代的耿炳文。于是，建文帝命令耿炳文挂帅出征，征讨燕王，这样的安排应当说是合理的。但是因为耿炳文擅长守城，而非攻城，所以久战不决，见此情况，建文帝心急如焚，在大臣黄子澄等人的建议下，使出了一记大昏招，用李景隆换下久经沙场的耿炳文。

李景隆是名将李文忠的儿子，他虽为名将之后，但却是一个不折不扣的纨绔子弟，在与朱棣的屡次交锋中，可以说被朱棣收拾得一败涂地。但不得不说，在白沟河之战中，他却做出了为数不多的几次正确决策，其中之一就是，他挑选都督平安为先锋。

因为平安曾是朱棣的部下，对朱棣的作战方法了如指掌，着实是一个令朱棣头疼的对手。

决战时刻，朱棣率领他的全部人马向南进发，平安和瞿能带着部队兜了一个很大圈子，绕到朱棣军队的后面，而朱棣的注意力都集中在前方战场，被平安杀了个措手不及，防御体系彻底被打乱了。

就在这千钧一发之际，只见原本晴空万里的天气，突然天地变色，飞沙走石，狂风四起，那股强劲的大风缠绕着营中的帅旗，只听得"咔嚓"一声，旗杆折断，大旗落地！这下可好，李景隆手下的将领和士兵全部傻眼了，谁也没有想到，在双方激战正酣之时，大风却将他们的帅旗给刮断了。古代人都很迷信，很容易被天象所惑，见此情景，无不惶恐不安，因此士气大减。

朱棣万万没有想到，在自己身处绝境之时，竟然会出现如此转机。正是这一突然的变故，让朱棣看到了一丝战机，他趁着南军惊恐不安之时，迅速绕到南军后侧，发动了猛攻，南军惊慌失措之余无力抵挡，很快就全军溃败。就在此时，朱棣又敏锐地发现，风向偏南，他借着风势顺便放了一把火，火借风势，风助火威！在漫天大火之中，朱棣发动了总攻击。

突发的意外，让瞿能和平安颇感意外，可等他们反应过来时，大本营已经成为一片火海，士兵们四散奔逃，他们也被重重包围，最终兵败阵亡。

　　双方激战正酣时，一次天降的意外，让朱棣敏锐地抓住了机会，并成为反败为胜的重要战机，朱棣顺势而为，用一把大火顺利扭转了局面，赢得了全面的胜利。

　　由此可见，燕王朱棣能赢得胜利的主要原因，并非在于作战人数更多，而是在于他在关键时刻，敏锐地看到了战机，并且果断出手，成功地把握住了这一有利战机，从而获取了胜利。如果朱棣没有把握住这个稍纵即逝的机会，那么白沟河之战胜负尚且难下定论，且对他来说，这无疑将会是一场硬仗。

　　"待时而动"是一种非常重要的战略思想，它强调了在采取行动之前要有充分的准备和耐心，并在等待中寻找最佳时机。

　　这种思想对于个人和企业的发展都具有重要的指导意义。在个人职业发展方面，有时候需要等待合适的机会来跳槽或升职。在等待期间，我们要沉住气，稳住自己的内心，可以不断提升自己的能力和技能，以更好地适应未来的挑战。在企业经营方面，企业的经营者需要密切关注市场动态，等待合适的时机推出新产品或拓展新市场。

　　商场如战场，把握时机非常关键，对赢得市场来说至关重要。

当断不断,反受其乱

谋略解读

"当断不断,反受其乱",出自西汉司马迁《史记·齐悼惠王世家》,形容办事犹豫不决,反遭受祸害牵累。

在人生这个大舞台上,我们会遇到成千上万件大事小情,面临无数次的选择,要做出不计其数的决定,有些选择和决定会对我们的一生产生无比深远的影响。

遇事果断不仅是一种勇气,也是一种谋略,这有助于我们把握有利时机,成就一番事业。倘若因为优柔寡断,错过了有利的时机,那么后悔就来不及了。

谋略故事一

《史记·齐悼惠王世家》有这样一个故事。

高后去世后,赵王吕禄想在长安城起兵叛乱,朱虚侯刘章知道此事后,偷偷派人把吕禄的阴谋告诉了兄长齐王刘襄,想让齐王发兵出征,他和弟弟东牟侯做内应,诛杀吕氏族人,立齐王为帝。齐王听了这个计策,与舅父驷钧、郎中令祝午、中尉魏勃密谋出兵一事。

这时齐国宰相召平听说了此事后表示反对,就发兵包围了齐王府,想阻止齐王出兵。魏勃骗召平说:"大王想发兵,可是并没有朝廷的虎符验证,我请求替您领兵包围齐王府。"

听到魏勃这么说,召平犹豫不决,但最后还是相信了对方的话,让他领兵围住齐王府。但魏勃领兵后,并没有包围王府,而是派兵包围了相府。

此时,召平才明白自己上当受骗了,他感慨道:"当断不断,反受其乱,正是如此呀!"于是自杀而死。

如果当时召平没有犹豫不决,能做到当断则断,他还会丢了性命吗?相信自然是不会的,但召平犹豫不决,当断而不断,才丢了性命。

任何时候都要知道,比起周全的计划筹谋,当断则断,才是应对问题的关键所在。遇到事情倘若一味犹豫不定,畏缩不前,往往会贻误时机，造成无法弥补的灾祸，悔恨终身。

谋略故事二

据史料记载，朱元璋临死之前，曾派宦官前往北平召燕王朱棣进京，当朱棣走到今天的江苏淮安时却被建文帝朱允炆派去的人挡住了去路，而这件事情朱元璋并不知情。后来，朱元璋撒手归西之际，还在向身边的人询问，为什么燕王没有露面。

明太祖朱元璋驾崩，建文帝朱允炆却不允许诸藩王前来奔丧，反倒要求朱棣的三个儿子代替朱棣前来，并因此扣押了三人。

朱元璋去世后，朱允炆和朱棣的关系变得愈发紧张。

因为忌惮诸藩王的实力，朱允炆登基之后，首先做的事情就是削藩，各藩王中尤以燕王的实力最强，所以他把矛头直指燕王朱棣。

从当时的情况来看，燕王朱棣的实力跟朝廷相比还是差很多的，要是贸然出击，未必会有好结果，因此朱棣决定等待一个时机。建文帝是一个忠厚仁善的人，没过多久就把朱棣的三个儿子从南京放回来了，此时，朱棣知道时机终于到了。

此时的朱棣已经没有后顾之忧了，所以他果断出击，挥师南下。

据史书记载，朱棣带领大军，一路势如破竹，连陷通州、蓟州、德州、济南、宿州、扬州，并于公元1402年六月攻占南京，七月宣布称帝，年号永乐，至此，朱棣终于如愿实现心中的梦想。

从这个故事可以看出，当断则断的重要性，倘若朱棣在把握了有利战机之后，犹犹豫豫，迟迟做不了决定，那么很可能会从主动变成被动。

人生在世，很多事不能犹豫，只要时机到了，就要果断出击，这个时候赢的概率会很大，若总是担心，不敢做出决定，那么等待我们的恐怕就是失败了。

当断则断这种成事谋略不仅适用于战场，也适用于我们的日常生活和感情生活。

在日常生活中遇到问题时，我们或许会犹豫不决，总想等待最佳时机，殊不知在等待的过程中，最佳时机已经悄然逝去。还有一些人，困在感情的泥潭里迟迟走不出来，明知道和对方继续纠缠下去不会有好结果，却就是不愿意放手，最后把自己弄得痛苦不堪。

当断则断是一种智慧，一旦拥有这种智慧，就不会被无端的事情困扰，也不会产生不必要的内耗，就能把生活过成自己想要的样子。

藏锋则无敌,隐智可保身

"木秀于林,风必摧之;堆出于岸,流必湍之;行高于人,众必非之。"

一个人若懂得敛锋藏拙,不显山不露水,方能张弛有度,圆融无碍。

鄭樵通志樂略

忍得下羞辱，方为大丈夫

谋略解读

《论语·卫灵公》中有云："小不忍，则乱大谋。"

忍耐是一种生存之道，也是一种顶级的智慧谋略。特别是身处逆境，置身祸中，更要学会忍。常言说得好，"人在屋檐下，不得不低头""百忍成钢"，在逆境中学会忍耐，才能成就大事，这种忍耐是一种谋略，是一种达成某一种志向的手段，是为达成某种大业而选择暂时退却，绝不是为忍而忍。

把忍耐作为一种谋略，原则是"小不忍则乱大谋"，目的是化困境为顺境，变祸事为福事，从而实现更为远大的志向。

谋略故事一

三国后期，诸葛亮六出祁山时，亲自统率一支人马在五丈原和司马懿对峙。

此次诸葛亮带来了10万大军，而司马懿领军20万，后者实力明显更强大，但司马懿就是不愿意进攻诸葛亮。这让蜀汉大军异常着急，因为蜀汉大军的后勤补给非常不给力。

诸葛亮一再派人挑战，魏兵绝不出营应战。诸葛亮便取来一套妇人穿的服装，放在一个大盒子里，并附上一封书信，派人送到魏军大营。魏国的将领不敢隐瞒，便将来人引入去见司马懿。

司马懿当众打开盒子，然后平静地拆开信。只见信上写道：你身为大将，却不敢武力相斗，以决胜负，这与妇人有什么不同？现在我派人送去一套妇女的服装，你如果还不敢出战，便应恭敬地跪拜接受。如果你羞耻之心还没有泯灭，还有点男子汉的气概，便立即定期决战。

司马懿看后，哈哈大笑，说："孔明把我看成了妇人吗？"当即接受下来，并下令厚待送衣的使者。

魏军的众将得知这事情之后，无不气愤，来到大帐说："我们都是魏国的名将，怎么能够忍受蜀军这样的侮辱？请允许我们立即出战，以决胜负。"

司马懿说："我并不是不敢出战而甘心忍受侮辱，无奈天子早就有了明确的旨意，令我们坚守不战，如果现在轻率出战，便是违抗国君命令了。"众将还是愤怒难平。

司马懿又说:"你们既要出战,等我向天子申报批准以后,大家同心协力迎敌,意下如何?"众将这才答应。

于是司马懿便写好表章,派遣使者往合肥军前,奏闻皇帝曹叡。曹叡打开一看,只见上面写道:"臣才能低下,而责任重大,陛下曾经明确指示,令臣坚守不战,等待蜀人自己败亡;无奈诸葛亮送来一身妇人服装,将臣视作妇人,耻辱太重了!臣谨预先奏请陛下:近日臣将拼死一战,以报朝廷之恩,以雪三军之耻。"

曹叡看完后,对众大臣说:"司马懿既已坚守不出,为什么又上表求战?"卫尉辛毗说:"司马懿原本不想出战,一定是诸葛亮的这一番侮辱让众将愤怒,他难以压制,才故意上了这道表章。"

曹叡认为辛毗说得十分有理,便命令他持着皇帝的符节,到渭水北岸司马懿大营传旨,不许出战。司马懿迎接辛毗到大帐之中,辛毗当众宣读道:"如果再有人胆敢提出迎战,便以违抗圣旨论处。"众将只好按圣旨的意思去办。

司马懿之所以不出战,是因为在耗着诸葛亮。当时,已经是第六次出祁山的诸葛亮不再年轻,上了年纪,身体早就吃不消了,是凭着一口光复汉室的气在和司马懿战斗。面对诸葛亮的羞辱与讽刺,倘若司马懿选择愤而出战,岂不是正中诸葛亮下怀,妥妥地上当了吗?就算能胜利，那也必将付出惨重的代价；不出战，自己不战而胜，岂不更好？果然，几个月后诸葛亮病逝五丈原，蜀军撤退。

正是因为司马懿克己忍耐，他才成就了一番霸业。司马懿不愧是一个谋略高手！

古往今来，大凡成就了一番伟业的成功者，几乎都有忍耐的功夫。事实证明，那些能够克制住冲动，不意气用事的人，才能够拥有更加沉着冷静的头脑，更容易跳出事情本身，站在更高的层面上看清大局。

忍耐不是消极的逃避，而是积极地积蓄力量，它是一种以退为进的智慧，能帮我们开创更有利的局面。

为人处世中，我们要学会忍耐，因为这是人生基本的谋生之道，也是一种谋略，更是一种胸襟气度。

谋略故事二

秦朝末年，在淮阴这个地方，有很多人都瞧不起韩信，因为那时候，韩信不仅没有成名，反而非常落魄。有一天，一个屠户挡住了韩信的去路，屠户认为韩信虽然身材高大还常常佩带宝剑，实际上是个胆小鬼，便在闹市里拦住韩信，说："你要是有胆量，就拔剑刺我；如果是懦夫，就从我的裤裆下钻过去。"

屠夫的行为让韩信非常生气，围观的人也都知道，这是屠户故意找碴儿羞辱韩信，他们都在等着看热闹。这些人原本以为韩信会和屠户打起来，毕竟这种侮辱放谁身上也无法忍受，但韩信的做法却出乎所有人的预料。韩信稍微思考了一下，竟然直接从屠户的裤裆下钻了过去了。

当时在场的人都忍不住哈哈大笑，认为韩信是胆小怕死、没有勇气的人。面对众人的嘲笑，韩信没有搭理，而是在嘲笑声中离开了。后来，当这个小镇子上的人再听到韩信这个名字的时候，他已经是能征善战的大将军，被汉王拜为大将军，叱咤风云，建立了不朽功业。

面对胯下羞辱，一般人都无法忍受，很有可能和对方发生冲突，让自己受到极大伤害，或者两败俱伤，但这并不是明智之举，因为这样做得不偿失。对于屠户的羞辱，韩信虽然倍感屈辱，但他知道对方就是一个无赖，如果在无赖面前不能做到隐忍示弱，那么自己的志向也就成了镜中花水中月了。韩信宁可受辱也不与无赖缠斗，这就展现出了他非凡的胸襟和气度。

韩信曾经评价西楚霸王项羽，说："项王喑噁叱咤，千人皆废，然不能任属贤将，此特匹夫之勇耳。项王见人恭敬慈爱，言语呕呕，人有疾病，涕泣分食饮，至使人有功当封爵者，印刓敝，忍不能予，此所谓妇人之仁也。"这段话的意思是说，项王发怒大吼，厉声呵斥时，上千的人都胆战心惊，但是他不能任用有才能的将领，这只不过是匹夫之勇而已。项羽对人恭敬慈爱，言语温和，他的部下有人生了病，会同情地流下眼泪，还把自己吃的东西分给他们吃；但是，当他所用的人立了功应当给予封赏爵位时，他却不舍得授给人家，这就是人们所说的妇道人家的仁慈。

匹夫之勇，容易被人激怒而失去理智；妇人之仁，舍不得让出小利而吃大亏，这两种情况就是不能忍耐处世的表现。项羽舍不得封赏功臣，留不住人才，导致韩信这样的盖世奇才跑到了刘邦那边；忍受不了失败的耻辱，失去了东山再起的机会，最终落得个乌江自刎的下场。韩信自己则是忍得了胯下之辱，最后才能成为西汉军功最大的将领。

有道是：将军有剑，不斩苍蝇；猛虎赶路，不追小兔。

我们这一生会遇到许多人，有明事理的人，也有蛮不讲道理的人。很多时候，我们无法改变的情况，无法说服的人，多说无益，纠缠无果，此时隐忍克制就是最明智的做法，因为所谓"杀敌一万自损八千"，根本不值得，也毫无意义。

做人做事要忍耐是一种智慧和生活态度。只有学会了忍耐，我们才能够在人生的道路上游刃有余，从容应对各种复杂情况。通过培养忍耐的品质，我们可以不断提升自己的内在修养和能力水平，为自己和他人创造更加美好的未来。

谋略故事三

洪武三十一年（1398年），明朝的开国皇帝朱元璋驾崩。根据朱元璋生前留下的遗诏，皇太孙朱允炆登基，至此朱允炆成为明朝的第二任皇帝。

朱允炆登基之后，便紧锣密鼓地开始了削藩计划，虽然他处处针对燕王朱棣，但朱棣都忍了下来，最终攻破南京城，夺得了皇权。

在中国历史上，能屈能伸的大丈夫可谓数不胜数，张耳和陈余也是这样的强者，他们用非凡的气度和高超的谋略，谱写了乱世中的传奇篇章。

公元前225年，秦始皇的铁骑踏平了魏国的疆土。秦始皇听说张耳、陈余是魏国杰出的人才，遂重金悬赏，想让这二人为他所用。面对秦始皇的追捕，张耳和陈余毫无办法，二人只能隐姓埋名踏上了流亡之路。

后来，他们躲避到了陈县，以里正门卫的身份暂且居住了下来。有一天，陈余因一点小过失被里正发现，里正便用鞭子抽打他以示惩罚，而此时陈余怒火中烧，想奋起反抗揍里正一顿。恰在这时，张耳悄悄扯了扯陈余的衣角，让他先忍耐下来，无奈之下陈余只好强压心头之火，任凭里正鞭打责骂。

等里正惩罚完离开后，张耳将陈余引至树下，语重心长地责备道："大丈夫处世，能屈能伸。小不忍则乱大谋。今天所受的辱，不过是一些皮肉之苦，如果因为一时生气和小吏争吵而被人发现，这不就是自毁前程吗？"

陈余听后，觉得张耳说得特别有道理，后悔自己险些坏了大事。有了这次的经历，以后他们无论遭遇什么样的困境，遭遇什么样的磨难，都选择了隐忍，并在暗中默默积蓄力量。直至陈胜、吴广起义，二人方才乘势而起，在乱世中建功立业，最终各自封侯拜将。

面对朱允炆的紧逼，当时朱棣的实力并不足以与其抗衡，如果此时朱棣不选择隐忍示弱，而是选择直面硬刚，那么等待他的将会是什么呢？很可能就是失败。

面对里正的惩罚，陈余若是凭借一时的意气与其大打出手，事态一旦扩大，必然会引起秦始皇的注意，那么二人无疑将会暴露并被秦始皇抓走。

"小不忍，则乱大谋"，在这个世界上，能够做到"忍"的人，不是弱者，而是真正的强者。隐忍示弱对我们每个人来说都很重要，真正的强者绝不逞一时之强，在该忍的时候忍耐，唯有如此才能有效地保护好自己，从而更好地得到自己想要的。

在现代社会中依然如此，相对于成就一番事业，受一点辱实在是小事一桩。遇事三思而后行，切不可冲动妄为，要冷静下来认真分析，关键时刻要懂得隐忍克制，这样才不会受到伤害。

善于低头，更要敢于抬头

谋略解读

《人性》中有云："风能掀翻树，却吹不折草。"小草看似柔弱，但是不惧风雨，迎风而低头，待风静止之后，又顽强生长起来。

由此可见，小草之所以顽强，是因为懂得低头，而懂得适时低头的人，才是生活的强者。

低头不是懦弱无能，也不是放弃自我，而是"留得青山在不愁没柴烧"的智慧，适时低头是一种气度，是一种格局，更是一种智慧。

在时机不成熟的时候，先低头保全自己的实力，再慢慢壮大自己的声势，才能在时机成熟的时候卷土重来，得到自己想要的。

谋略故事一

朱棣一直都不是最得朱元璋宠爱的皇子，在父亲的威严下，聪明的朱棣很小就意识到，人微言轻的他要想在这个充满争斗的皇宫中生存下去，就一定要低头。不仅如此，在建文帝朱允炆登基后，采取了很多针对他的举措，朱棣无一例外地都选择了暂时低头，当然他低头是为了更好地抬头。

虽然在这些人面前朱棣表面上是低头的，但他内心并不是如此，暂时低头只是为了等待时机，从而更好地实现自己的政治抱负。

和朱棣一样，后赵的开国皇帝石勒也是懂得低头的人，也正是因为他懂得低头，才得到了自己想要的，实现了自己的人生价值。

石勒本是奴隶出身，擅长谋略，是古代社会底层逆袭的代表人物。

永嘉之乱后，幽州都督王浚拥兵自重，打算自立为帝，王浚对石勒来说是一个劲敌，石勒知道要想实现自己的政治抱负，就要先在王浚面前暂时低头示弱。

于是，石勒便用极其卑微的语气给王浚写信，表示愿意推崇王浚为天子，还派使者送去大量奇珍异宝。当然王浚也不傻，他不可能凭借一封书信就相信石勒的话，于是，王浚派出使者去测试石勒是否真心想归附于他。当王浚的使者到来时，石勒提前把精壮士兵都藏起来，并且特意将城门全部打开，态度表现得十分诚恳，使者所到之处看到的都是一些老弱残兵，于是就相信了石勒的诚意。

不仅如此，面对王浚赠送给他的麈尾（一种于手柄前端附上兽毛或丝状麻布的器物），石勒表现出一副受宠若惊的样子，他表示自己根本不敢拿，要将它挂在墙上，早晚叩拜，并称自己虽然不能见到主公，但只要见到这麈尾就等于见到了主公。石勒的举动彻底骗过了王浚，王浚完全相信了石勒归顺的诚意。于是，对他放松了警惕。

看到时机成熟了，石勒假装带着大军去投靠王浚，因为王浚以为他是真心来归顺的，所以率领百官夹道欢迎。不承想，石勒进入幽州之后，马上露出真面目，他们一路猛攻，大败幽州兵，并活捉了王浚。最终，石勒将王浚押到襄国处斩，又尽杀王浚手下精兵万人，顺利地吞并了幽州。

很显然，朱棣和石勒都是有智慧、懂谋略的人，他们用暂时的低头换取与外界一时的和平相处，倘若当时没有做到低头，那么是很难取得成功的。

低头看似只是一个简单的动作，实则是一种深思远虑的智慧。在面对强大的竞争对手时，暂时选择低头，是为了争取立锥之地，是为自己争取生存空间，所以懂得适时低头从来不是懦弱的表现，也体现出一种博大的胸怀。

低头看似是妥协，实则是以退为进，这样不仅能更加看清脚下的路，还能给自己留有余地，更好地实现自我价值。

刚则易折，柔则长存。

我们这一生会遇到诸多风雨，身在屋檐下就不得不低头，在屋檐下低头不丢人，在时机不利于自己的时候，把姿态放低，做到能屈能伸，慢慢等待机会，方能在人生这个大舞台上立于不败之地。

藏拙示弱，善身保身之道

谋略解读

三国时期魏国散文家李康在他的《运命论》里说："木秀于林，风必摧之；堆出于岸，流必湍之；行高于人，众必非之。"

真正的强者和有实力的人，在与人相处中，往往都能够做到深藏不露，让对方探不到虚实。因为他们知道，藏拙示弱能为自己省掉很多麻烦、猜忌和嫉妒，能为人生减少很多阻力和障碍。所以，不论何时何地，我们都要懂得藏器于身的道理。

藏拙示弱绝不是怯懦的表现，而是智者的谦辞，人际关系中懂得敛锋藏拙，不显山不露水，方能做到张弛有度，圆融无碍。

顶级的谋略者，都懂得藏拙示弱，他们会隐藏自己的锋芒，韬光养晦。

谋略故事一

建安元年（196年），刘备投靠曹操后，又被汉献帝认为皇叔，汉献帝想以此制衡曹操。

为避免引起曹操的猜忌，刘备整日在后院浇水种菜，有外客来拜访时，他还把泥土敷在脸上，装作一副闲散模样。

即便如此，曹操依旧怀疑刘备，在府中宴请刘备时，曹操先以"龙之变化"相问刘备，以试探刘备的志向。

刘备装傻充愣，说"龙不龙的，我不知道。我只知道编草鞋、织炕席。最近对施粪肥也很有研究，这粪肥不能太稀，更不能太稠，要恰到好处。"

席间，曹操又与刘备煮酒论天下英雄，想借此再探刘备的眼光。

刘备自然清楚曹操的伎俩，信口胡说，推选淮南袁术、河北袁绍、荆州刘表、东吴孙策、益州刘璋为天下英雄。曹操逐个否决了，让刘备继续说。

刘备见曹操几次否定自己，故作慌乱地补充道："那张绣、张鲁、韩遂等辈如何？"听到此，曹操语气里更是充满了不屑，直言这些人都是碌碌小人，不足挂齿。

在曹操看来，袁绍、袁术、刘表、孙策、刘璋等人，不过是一些庸碌之辈，而刘备却将他们奉为英雄，可见其目光短浅。故此，曹操对刘备放下了戒心，而刘备也因此有了领兵出逃的机会。

从这个故事我们可以看出，如果刘备不懂得隐藏自己的志向，而是直接告诉曹操他的真实想法，就极有可能给自己引来杀身之祸。正因为刘备知道曹操是在故意试探自己，所以他才有意藏拙，向曹操示弱，让曹操误以为他是一个胸无大志的人，一旦曹操对他有了这样的认知，自然也就对他放下戒备心了。

古往今来，大凡成就了一番大业的人，都懂得韬光养晦，藏拙示弱。

鬼谷子曾说："圣人之道，在隐与匿。"

人若锋芒毕露，可能会树敌太多，善于隐藏，才不会出大问题。举凡有大智慧的人，说话办事都不会过于直白，而是懂得隐藏自己的真实想法，这类人行事隐而不露，不会轻易把自己的理想抱负和盘托出，越能深藏不露，越能证明一个人的实力，也越能看出一个人的定力。

在现代的生活中，藏拙示弱仍然很重要。一般来说，时时刻刻喜欢炫耀自己的人，可能很难轻易得志；能够做到藏拙示弱，在他人看不到的地方默默努力，不断提升实力，才是巧妙的做法。

此外，因为人际关系错综复杂，我们在与人交往的时候，也要懂得保护自己，该隐藏的时候要隐藏，该出手的时候要出手，办事张弛有度，做人圆融无碍，才能更好地在纷繁复杂的世间立足。

谋略故事二

朱棣被封为藩王之前,在皇宫里见惯了父亲的威严,也见惯了朝中大臣之间的明争暗斗、相互倾轧,此时他意识到,自己要想在这个尔虞我诈的皇宫中生存下去,就不能锋芒外露,这样才不会被兄弟们嫉妒,从而避免杀身之祸。虽然表面上朱棣藏拙示弱,但这并不妨碍他成为一个强者。

公元1398年,明太祖朱元璋去世,21岁的朱允炆正式即位。朱允炆即位后,为了巩固中央集权,与亲信黄子澄等人,开始大肆削藩,不到一年间,周王、齐王、代王、岷王、湘王等先后被废,朱棣的三个儿子也被召到了京城扣押为人质,并且还以防卫边境为名,调离朱棣的精兵,朱允炆想借此来铲除燕王。

燕王朱棣虽然此时的实力已不容小觑,但他知道不能跟朝廷硬碰硬,否则结果会很惨,此时的朱棣需要士兵、需要武器,更需要足够多的粮草,而要准备好这些,需要很长的时间。

为了争取时间,朱棣开始装疯卖傻,他在闹市中大喊大叫,擅入民宅,发出傻笑声,甚至露宿街头,一睡一整天。

朱棣所做的一切,不过是想给建文帝传递一个信号——自己不会对他构成任何威胁。但建文帝并不傻,当这些事传到他耳朵里时,他自然是不相信的,便派了两个亲信,前往北平核实查证。亲信来到北平，只见六月的天气，燕王朱棣裹着棉被，围着火炉烤火，不仅如此，嘴里还大喊着冻死了。

亲信把在北平的这些见闻如实报告给朝廷，建文帝听到后方才信以为真，从此便放松了对他的警惕。

朱棣靠着装疯示弱才为自己争取下宝贵的时间，他借此机会加紧准备兵马粮草，在暗地里训练军队，日夜打造兵器，一场改变明朝命运的大战一触即发。

树大招风，燕王朱棣因为在诸王中实力强劲，对中央集权造成了极大威胁，所以建文帝才听取了身边大臣的意见，实施了削藩政策。朱棣深知，如果此时不隐藏自己的实力，削藩的旨意迟早有一天会落到他的头上，建文帝是绝对不会放过他的。

示弱并非真的弱，而是一种强者的心态；而藏拙也并不是消极的逃避，而是一种主动的选择，一种对自我能力的深刻理解和运用，是在时机不具备时的生存策略。

藏拙示弱不仅是一种高超的谋略，也是一种生存的法则，它要求我们收敛自己的锋芒，以免受到意想不到的伤害，帮助我们在纷繁复杂的环境里，顽强地生存下去。

无论工作还是生活中，切忌锋芒毕露，否则可能会遭到他人的嫉妒和排挤。适当的藏拙示弱，便不会引起对手的注意，更不会被他人针锋相对，这不失为一种智慧的生存方式。

顶级的谋略者都懂得藏拙示弱，他们懂得"枪打出头鸟"的道理，既然锋芒外露会让自己未来的路更难走，那么何不隐藏一下呢？

世事多变如棋局，人生就是考场，懂得藏拙示弱，韬光养晦，才是善身保身之道。

隐而不发，暗中积蓄力量

谋略解读

《墨子·墨子后语》中有一段对话。

子禽问曰："多言有益乎？"墨子曰："虾蟆蛙蝇，日夜恒鸣，口干舌擗，然而不听。今观晨鸡，时夜而鸣，天下振动。多言何益？唯其言之时也。"

这句话的意思是：蛤蟆、青蛙和苍蝇，整天叫个不停，但没有人想听到它们的声音。雄鸡平时沉默，只要清晨打鸣，便声震天下，这就是不鸣则已，一鸣惊人。

真正的强者会在平时积蓄力量，而不是到处多言多语，在时机不成熟的时候沉默不言，默默地提升自己的能力，要么不鸣，一鸣则必惊人。

谋略故事一

春秋时期，群雄争霸，南方的楚国越来越强大，一心要跟中原的霸主晋国争夺地位。

公元前613年，楚成王的孙子熊旅继楚王位，成为楚国新国君，就是楚庄王。这一年，楚庄王还不到20岁，晋国想趁楚国内部不稳的时候，把之前几个归附楚国的国家重新拉了回来，订立盟约。楚国的大臣们很不是着急，纷纷向楚庄王进言要他出兵争夺霸权。

可是年轻的楚庄王看上去胸无大志，日夜沉浸在田猎与酒色歌舞之中，根本不理朝政，即位三年从未颁布过一条政令。大臣们对此忧心忡忡。楚庄王也知道大臣们对他的作为很不满意，因此还特意下了一道命令："哪一个人胆敢向我提意见，立即斩首，绝不宽容。"

当时，邻国不断前来侵犯，国内的许多大臣也贪赃枉法，玩忽职守，正是内忧外患之时。楚庄王的做法让一些忠于国家的大臣特别忧虑，可却没有任何办法。

后来，楚大夫伍举看到朝政日益腐败，心中异常着急，他知道如果直接向楚庄王提意见，必然会因惹怒楚庄王而被杀害，所以他便想了一个对策。

伍举来到宫中，只见楚庄王嘴里吃着鹿肉，喝着美酒，大殿上鼓乐齐鸣，美女舞姿翩翩，真是热闹极了。楚庄王看见伍举来了，便笑着问："你是来喝酒的还是听音乐的？"

伍举说道:"有人让我猜个谜儿,我猜不着。大王是个聪明人,请您猜猜吧。"

楚庄王一听是猜谜语,一时来了兴致。

伍举说:"南山上飞来一只大鸟,身披五彩,样子很神气,可是已经三年不飞也不叫,不知是什么原因,也不知道这是只什么鸟。"

听伍举说完后,楚庄王说:"这可不是一只普通的鸟。这种鸟不飞则已,一飞将要冲天;不鸣则已,一鸣将要惊人。"

其实,楚庄王并不是无能昏庸的君王,他知道自己在楚国的根基不深,若想重掌楚国的军政大权,他必须以静制动,韬光养晦,慢慢积蓄自己的力量,要么不鸣,一鸣就要惊人。

就这样三年过去了,楚庄王的力量慢慢地积蓄起来了,他便撤去歌舞乐队,立即临朝听政。并经过调查核实,把在这三年中趁机营私舞弊的几百名官员尽数清除,把像伍举一样忠于职守的人予以提拔,另一面加紧制造武器,操练兵马。没过多久,就收服了南方许多部落。不久打败了宋国,缴获战车五百辆之多。后来又打败了陆浑(在今河南嵩县东北)的戎族,一直打到周都洛邑附近。

之后,楚庄王又请了一位楚国有名的隐士孙叔敖当令尹(楚国的国相)。孙叔敖当了令尹以后,开垦荒地,挖掘河道,奖励生产。为了免除水灾旱灾,他还组织楚国人开辟河道,能灌溉成百万亩庄稼,粮食逐年增产。没几年工夫,楚国更加强大起来,先后平定了郑国和陈国的两次内乱，终于和中原霸主晋国冲突起来。

公元前597年，楚庄王率领大军攻打郑国，晋国派兵救郑。在郊地（今河南荥阳北）和楚国发生了一次大战。在这次战争中，楚国竟大败晋国，有人劝楚庄王追上去，把晋军赶尽杀绝。

楚庄王说："楚国自从城濮之战失败以来，一直抬不起头来。这回打了这么大的胜仗，总算洗刷了以前的耻辱，何必多杀人呢？"说罢，立即下令收兵，放过了晋国的残兵。

从此以后，楚庄王就成了霸主。

后来，楚庄王与齐桓公、晋文公、宋襄公、秦穆公并称为春秋五霸。

当时楚国正是内忧外患的时候，国家实力也不足以与其他大国抗衡。楚庄王倘若不通过这种办法麻痹其他强国，暗中培植自己的实力，提升自己的能力，他将很难掌管楚国，更不用说让楚国强大起来了。

隐而不发，"隐"有收敛锋芒的意思。作为一种谋略，指的是隐蔽自己真实的实力与企图，等待合适的时机，再进行反击。暂时的"隐"是为了长远的"进"，而"隐"也不是软弱，而是代表一种内在的强大和清醒。

当实力不具备时，藏而不露，以求安身立命，在暗中悄悄积蓄力量，等到自己强大起来之后，便能一鸣惊人，成就大业。

　　岭上花开寂静，水滴石穿默然。

　　这给我们一个非常深刻的启示。在现代社会生活中，一个人倘若没有足够的实力，最好暂时不要表现出来，要懂得韬光养晦，学会沉下心来慢慢积蓄力量，等到力量足够强大了，再一鸣惊人也不迟呀！

　　夸父逐日不语，鹏飞万里无言。

　　强者往往不喜欢夸夸其谈，他们在能力和经验不足的时候，会保持沉默，暗暗积蓄力量，而不是洋洋自得、到处刷存在感，如此方能更快地享受到成功的喜悦。

　　天地有大美而不言，与其总是想方设法获得别人的认可，不如在条件不具备时，耐得住寂寞，隐而不发，默默积蓄能量，等能力足够强大了，自然能做到任尔东西南北风，我自横刀向天笑了。

没有雷霆手段，莫怀菩萨心肠

"知彼知己者，百战不殆；不知彼而知己，一胜一负；不知彼不知己，每战必殆。"

巧用反间计，出击更有力

谋略解读

反间计的重点是：在疑阵中再布疑阵，使敌人内部自生矛盾，我方就可万无一失。说得更直白些，就是巧妙地利用敌人的间谍，使其反过来为我所用。在古代战争中，这种计谋经常被使用。

古往今来，反间计是智慧的结晶，用得好，可以实现以少胜多、以弱胜强的效果。在众多敌人联手攻击自己时，能使他们自行瓦解、达到各个击破的目的。

当然，运用反间计的策略需要一定的技巧和经验。只有制订合适的策略和战术，才能得到自己想要的结果。若不认真准备直接运用，很有可能会造成偷鸡不成蚀把米的后果。

谋略故事一

三国时期，赤壁大战前夕，曹操率领八十三万大军，准备渡过长江，占据南方。当时，孙刘联合抗曹，但兵力比曹军要少得多。曹操的队伍都由北方骑兵组成，善于马战，可不善于水战。

为了能取得胜利，曹操便想着尽快训练水军，正好自己的军队中有两个人精通水战，他们分别是蔡瑁、张允。当时这两个人对曹操来说就是宝贝，他们对战争的胜负有很重要的影响，因此，曹操对他们特别优待。

有一次，东吴主帅周瑜见对岸曹军在水中排阵，井井有条，十分在行，心中大惊。周瑜知道如果他们继续练下去，将会对自己造成巨大的威胁，必须想办法除掉这两个人。

虽然当时孙刘联合对抗曹操，但是曹操还是想着拉拢周瑜，一旦拉拢成功，那么胜利就更加容易了。得知曹营要拉拢周瑜，谋士蒋干自称与周瑜曾是同窗好友，愿意过江劝降。听到蒋干这么说曹操立即派蒋干前去。

本来周瑜还不知道该如何除掉蔡瑁和张允，见到蒋干来了之后，他突然想到了一个计策。在筵席上，周瑜热情地款待蒋干，他让众将作陪，规定只叙友情，不谈军事，就是为了堵住蒋干的嘴巴。

喝了一会儿酒后，周瑜假装大醉约蒋干同床共眠。蒋干见周瑜不让他提及劝降之事，心中非常不舒服，自然是睡不着。他偷偷下床，见周瑜案上有一封信。他偷看了信，那信原来是蔡瑁、张允写来，约定与周瑜里应外合，击败曹操。

恰好在这时，周瑜故意翻身说梦话，把蒋干吓了一跳，他只好立刻上床。过了一会儿，忽然有人要见周瑜，周瑜起身和来人谈话的时候，还装作故意查看蒋干是否已经睡着了。

蒋干装作沉睡的样子，虽然听不清他们的谈话，但却听见他们提到蔡、张二人。于是蒋干对蔡、张二人和周瑜里应外合的计划确信无疑。

得到这个信息之后，蒋干连夜赶回曹营，让曹操看了周瑜伪造的信件，生性多疑的曹操顿时火起，一怒之下杀了蔡瑁和张允。等曹操冷静下来，才知道中了周瑜的反间之计，但也已经无可奈何了。

倘若周瑜不对蒋干使用反间计，那么以蔡瑁和张允的能力定然会快速打造出一支战斗力很强的水军来，到那个时候等待他的可能就是失败了。

谋略故事二

赵孝成王七年（公元前260年），秦军和赵军在长平对峙，当时赵括的父亲赵奢已去世，赵国的丞相蔺相如也身患重病，赵孝成王派廉颇带兵攻打秦军。从当时的情况来看，赵军并不是秦军的对手，赵军打了几次败仗之后，廉颇便坚守营垒不出战。纵使秦军屡次挑战，叫骂声不断，廉颇也置之不理。

看到廉颇避而不战，秦军特别头疼，指挥官白起便想到了一条妙计，他派了许多间谍四处散布谣言，说："秦军不害怕廉颇，最害怕的是赵括，倘若赵王让赵括当将军，那么秦必输无疑。"

听到这些谣言之后，赵孝成王信以为真，他果真让赵括代替了廉颇当将军，这个决定遭到了蔺相如的强烈反对，蔺相如觉得赵括只会读他父亲留给他的兵书，根本不懂得随机应变，尽管蔺相如说了很多，但是赵孝成王根本不听，还是坚持任命赵括为主将。

被任命为将领后，赵括一反廉颇的策略，改守为攻，在长平（今山西高平西北）主动发起全线出击。秦将白起一看赵括挂帅，心里别提多高兴了，便立刻分兵两路：一路佯败，把赵军吸引到秦军壁垒周围；一路切断赵军后路，实行反包围，使赵军粮道断绝，困于长平。

最后，赵军因为没有粮食吃，多次突围也没有成功，纵使赵括亲自率勇士突围，英勇杀敌，最终还是被秦军射杀而死，四十余万赵兵尽降，后被秦军坑杀。

很明显，在这场战役中，白起用了反间计。如果当时赵孝成王不听信传言，坚持让廉颇指挥，赵军自然不会全军覆没，可战场没有如果，只有结果。

我们要学点谋略，倘若能用好反间计，那么无论在工作还是生活中都会取得事半功倍的效果。

谋略故事三

朱棣在挥师南下的过程中，遭到了铁铉和盛庸的阻拦，只能暂时退回北平修整再做打算。

当时，建文帝朱允炆为了阻止朱棣南下，下诏提升铁铉为兵部尚书，赞理大将军事，封盛庸为历城侯，同时任命他为平燕将军，取代李景隆统领北征兵马，陈晖、平安为副将军。盛庸屯兵德州，平安和吴杰驻扎在定州，徐凯驻守沧州。

当时，建文帝朱允炆想让三地的兵马互为掎角之势，以围困北平，在这三地中，沧州最为薄弱，要想突破围困，攻打沧州是最好的选择。

本来朱棣想直接攻打沧州，不承想沧州这边派来了奸细，当士兵发现奸细后，朱棣便嘱咐报告的士兵不要张扬，以免打草惊蛇。虽然士兵不知道朱棣葫芦里卖的什么药，也只得守口如瓶。

当将士们都以为朱棣要攻打沧州时，没想到朱棣竟然传下军令，说要改攻辽东德州。这一消息在军营中迅速传播开来。

大家不明白朱棣为什么会做出这样的决策，因为辽东德州的防御宛如铜墙铁壁，攻打那里无疑是以卵击石，因此将士们私底下议论纷纷。朱棣并没有把将士们的态度放在心上，而是暗暗命令士兵把尾随的奸细抓起来，不仅如此他还暗中嘱咐两人陪他上演一出好戏。

奸细被抓起来之后，朱棣便开始审问，虽然奸细一副视死如归的样子，但朱棣并没有恼怒，只说他传回去的信息没用了，因为自己现在要攻打辽东德州而不是沧州。

说完就让手下将奸细捆绑起来，并专门派人轮流看守。朱棣让张玉传令大军原地休息一日，第二天一早进发辽东。张玉对朱棣的做法感到非常疑惑，但他也不好说什么，毕竟服从命令是军人的天职。

张玉走后，朱棣便把看守奸细的士兵叫了过来，让他们故意放走奸细，但不能让奸细察觉是他们有意而为之。领命后，当晚士兵便喝得酩酊大醉，这时，奸细瞅准了时机逃跑了。奸细以为自己运气好，殊不知这一切都是朱棣故意安排好的。

得知奸细逃走以后，朱棣很开心，他又下令直取沧州。看到朱棣这样朝令夕改，大将张玉非常担心，他觉得这样会动摇军心。

朱棣表示自己并非朝令夕改，而是故意说给奸细听的，他想让奸细把攻打辽东德州这个假消息带回去，这样沧州守将自然会放松警惕，这时才是攻打沧州最好的时机。张玉听完后终于明白了朱棣的真正用意，原来他是用了反间计。

于是，在朱棣的带领下，部队快马加鞭往沧州城赶，因为速度很快，大军在第二天拂晓之时就赶到了。沧州城历史悠久，城墙都是土墙，再加上年久失修，防守非常薄弱，加之守将徐凯放松了警惕，朱棣趁着敌人还在睡梦中，以迅雷不及掩耳之势占领了沧州城，守将徐凯成了俘虏。

这场战役，燕军打得非常漂亮，燕王朱棣用极小的损失就轻轻松松攻下了沧州城。当然这得益于朱棣的反间计，倘若朱棣没有使用计谋，那么守将徐凯必然会严加防守，胜负难料，即便最后能取胜，可能也会是杀敌一千自损八百。

反间计是一种兵家常用的谋略，通常是利用对方的内部矛盾，实现己方的目的。

反间计对现在的商业竞争也有一定参考价值。在商业活动中使用反间计需要谨慎和策略性思考。通过分析对象、确定目标、实施反间手段、监控和调整等步骤来实现商业目标，当然要遵守法律和道德，避免使用不当手段造成不良后果。同时，还应该注重自身的形象和信誉，建立稳固良好的商业关系，只有以这些为前提，反间计才是好策略，才能帮助企业在商业竞争中立于不败之地。

避其锋芒，给对方致命一击

谋略解读

《孙子兵法·军争篇》有云："善用兵者，避其锐气，击其惰归，此治气者也。"

这句话的意思是：善于统兵打仗的人，总是会避开敌人锐气强盛的时候，趁其士气衰竭时才发动攻击。

在古代战争中，对于防御坚固、锐气强盛的敌人，最好先避其锋芒，因为这样做对自己没有丝毫好处，硬碰硬不仅浪费时间还会让自己损失惨重。

聪明的做法是先绕过兵力最强盛的地方，寻找敌人防守薄弱处去进攻，这样往往能以最少的损失获得最大的回报。

谋略故事一

在公元前354年，魏国的魏惠王想要报失去中山的仇，就派庞涓去打中山。中山原本是魏国的一个附属小国，但是后来赵国趁魏国办丧事的时候占领了中山。

当时，魏国的谋士庞涓认为中山离赵国很近，与其攻打中山这个小地方，还不如直接攻打赵国的都城邯郸，这样不仅能报仇，还能得到更多的好处。

听了庞涓的建议，魏王欣然同意了，于是就给庞涓派出五百辆战车，让他带兵去攻打邯郸。邯郸被围后，赵王吓坏了，便马上向齐国求救，并且承诺如果齐国能解邯郸之围，他就把中山送给齐国。

见能得到好处，齐威王便欣然同意了，任命田忌为将军，让从魏国逃出来的孙膑为军师，出兵前去援救赵国。

孙膑曾经和庞涓是同学，他对庞涓的用兵方法很了解。原本当时孙膑也在魏国效力，但庞涓因为嫉妒孙膑的才能，便想办法迫害他，在庞涓的迫害下，孙膑不仅被挖去了双膝盖骨，脸上还被刺了字，庞涓的目的就是让孙膑没脸见人。孙膑通过装疯卖傻躲过一劫，后来他被齐国的使者救下，一路逃到了齐国。

田忌和孙膑带着士兵们来到魏国和赵国的交界处，本来田忌想直接攻打赵国的首都邯郸，不承想孙膑却拦住了他。孙膑对田忌说："解开一团乱麻的绳子，不能用手去打，化解矛盾冲突，不能亲自参加战斗。解决争端要抓住关键，我们要避其锋芒，抓住其薄弱的环节乘虚而入，这样才能达到目的。"

孙膑敏锐地判断出，现在魏国已经把所有的精兵都调出来了，如果此时他们直接攻打赵国的首都邯郸，就等于是正面跟魏国硬碰硬，就算最后会胜利，损失也会同样惨重。与其这样，还不如攻打此时兵力空虚的魏国都城，魏王有难，庞涓一定会回来救他，这样邯郸的危机就自然解决了。此时，再在庞涓回程的路上设下埋伏，他的军队一定会被打败。

孙膑说完后，田忌觉得特别有道理，就听从了孙膑的建议。结果完全如孙膑所料，庞涓听到魏国国都被攻打后，便马上率大军离开了邯郸回来救援，不承想在回来的路上又中了埋伏，和齐国在桂陵展开了一场战斗。魏国的士兵们经过长途跋涉，一个个疲惫不堪，很快就溃不成军，庞涓勉强收拾了一下残部，狼狈不堪地退回了大梁。

这场战役，齐军取得了胜利，赵国的危机也因此解除了。这就是历史上有名的"围魏救赵"的故事。

孙膑不愧是鬼谷子最得意的学生，他深谙兵家作战谋略，又善于洞察人的心理，是一位名副其实的谋略高手。如果当时孙膑选择和庞涓在赵国的都城邯郸交战，结果很可能会两败俱伤，不仅救不了赵国，反而会让齐国陷入危险的境地。

"避其锋芒，攻其薄弱"是成功者的必备技能，也是智者生存的谋略。

所以，在复杂的社会环境中，要想取得成功，很多时候我们都要懂得保存好自己的实力，不要轻易地将自己的实力完全显现出来，我们要懂得利用有限的资源和力量，在最合适的时机，做出对自己最有利的选择。

谋略故事二

战国时期，吴起离开魏国投奔楚国，当时楚悼王特别相信他，直接把令尹也就是丞相的职务交给他了。楚悼王的做法让吴起大为感动，便用尽全力回报楚悼王。

在吴起的主持下，楚国的变法如火如荼地展开，国家的整体实力也变得更加强大。在春秋战国时代，魏赵韩三家分晋，因此他们三家的关系也非比寻常的亲密，经常联合起来一致对外。但这并不代表这三国之间没有矛盾，后来魏国和赵国之间由于政治理念不合而产生了种种矛盾，最终导致魏国大举伐赵。

面对魏国的大军，赵国实在无力抵抗，只好向楚国求助，这个时候楚悼王将大军指派给吴起，命令他前去救援。

吴起非常聪明，他知道如果现在和魏国的军队硬抗不会有好结果，所以他便采取了避强攻弱的战术，直接派兵攻打魏国本地的领土，看到吴起大军攻打魏国本土，魏国只好马上撤军来应对，这样赵国的危机就解除了。

通过这个故事，我们可以看出吴起是一个很有谋略的人，知道硬碰硬不仅要损失兵力，还不一定能讨到好结果，所以他选择了避其锋芒，去找敌人最容易被击溃的薄弱环节，以此来牵制对方，从而更好地解决当前面临的问题。

善于指挥作战的将领，都懂得避开敌人的锐气，等到敌人士气衰落、疲惫时再去攻击它。可以作暂时的让步，以保持军队的锐气，攻其薄弱的地方，待到时机成熟时，再给敌人以致命的打击。

避其锋芒，攻其薄弱，这种谋略依然适用于现代生活。

当一个环节很难打通的时候，我们最好不要继续在这上面浪费时间，可以先去突破容易的环节，这样一方面能保证自己的积极性不受打击，另一方面还能节省时间，从而更容易达到自己的目的。

避强攻弱是一种高深的谋略，它能有效地帮助我们保存实力，在对方队伍中找到最薄弱的地方去击破，在最大程度上减轻我们自己的损失，有利于我们从整体上控制住局面。所以，无论是在与人博弈中，还是双方竞争中，运用好这个策略都会极大地增加成功的可能性。

这也是高手和强者时常会用到的一种谋略。

不费一兵一卒，不战而屈人之兵

谋略解读

不战而屈人之兵，出自《孙子兵法·谋攻》，意思是让敌人的军队丧失战斗能力，从而使己方达到完胜的目的。

这并不意味着完全避免战斗，而是通过巧妙的战略和策略，使敌人在心理上、气势上先行崩溃，从而达到不战而胜的目的。这种胜利价值非常大，因为不仅节约了兵力、物力，更能在精神上给敌人以沉重的打击。

很多时候，武力虽然也能很好地解决矛盾，但却需要付出很大的代价，不战而屈人之兵才是大谋略、大智慧。

谋略故事一

赵惠文王十九年（前280年），在乐毅破齐后，赵惠文王命赵奢为将，攻打齐国麦丘（今山东商河西北）。此前，赵军已多次进攻麦丘这座孤城，但由于麦丘粮草充足，守军中有善于守城的墨家弟子，没能攻下。

当时，赵惠文王十分生气，命令赵奢在一个月内务必拿下麦丘。

赵奢一到麦丘，就命令进攻。他的儿子赵括认为，采用硬攻的方法，是很难在一个月内攻下麦丘的。从种种迹象来看，麦丘的粮食尽管还没有完全吃光，但肯定也所剩无几了。

赵括希望父亲先弄明白情况，暂时停止进攻，避免硬攻造成不必要的损失。但一个月的时间太短了，赵奢没有听赵括的话，下令攻城。赵军死了不少人，也没有攻下麦丘。

赵括对父亲说，守城者中有墨家弟子，很有防御办法，使赵军几年都无功而返。此次的赵军与以往的赵军没有什么不同，不比以前更善战，攻城的手段也并不比以前更多，如果还像以前的赵军一样硬攻的话，必然也要付出像以前一样惨痛的代价。而且城中的人经常在晚上出来偷袭赵军。城外也有不少墨家游侠组成的小队对赵军进行骚扰。如果这种情况继续的话，一个月是不可能攻下麦丘的。

于是赵奢询问俘虏，向他们了解城中的情况，可是俘虏坚决不说。赵括每天给这些俘虏饭吃，对他们很客气，还给他们粮食让他们带回城中给家里的亲人吃。

为了报答赵括的恩德，俘虏中有人悄悄地告诉赵括，城中的粮食不多，都被齐军控制，百姓早已断粮。赵括问齐军还能坚守多长时间，俘虏说还能守几个月。赵奢听从赵括的建议，停止进攻，把俘虏全部放了回去。

俘虏回去后，说这支赵军很客气，没有侮辱他们，还让他们吃饱，并带粮食回来。这时，城里的很多百姓都想投降了。齐将见俘虏给城中带来了骚动，便将他们都关了起来。士兵和百姓对此都有怨言。

赵奢命令围城的赵军，每日用抛石机把粮食抛入城中，完成之后就回营休息，也不向城中人说什么。这样过了几天，守城的齐军派代表把这些粮食给送了回来，对赵奢说赵军要战就来战，不要再抛粮食了。

赵奢让他回城里等着，但并不进攻，只是隔几天继续向城里抛粮食。又过了几天，守城的齐将派代表与赵奢商讨择日决战，但赵奢拒绝与他见面。几天后，麦丘的百姓杀了守城的齐军将领，主动投降了。

可以说赵括把"不战而屈人之兵"的谋略运用到极致了，他深知硬攻很难破城，便采取了软攻，知道城中缺粮不仅不进攻，反而给敌人送粮食，这让濒临饿死的百姓大为感动。有了粮食之后，百姓们便觉得赵军比自己的守军更好，自然就会主动来投降了，赵括也就达到了攻下麦丘的目的。

"不战而屈人之兵"，是一种深刻的战略思想，也是一种古老的谋略。

其实不只是在战争中，在我们的工作与生活中这种谋略也很重要。当我们与人发生争执时，尽量不要硬碰硬，用温和的方式与对方商量解决办法，才是最明智的矛盾解决方式。

谋略故事二

建文元年（公元1399年）七月，燕王朱棣以清君侧为名，自称举兵"靖难"，并一举控制了北平，朝廷大惊。

北平都指挥使余瑱退守居庸关，都督宋忠率兵30000从开平（今内蒙古自治区锡林郭勒盟正蓝旗境内）退保怀来，对朱棣形成钳制形势。朱棣认为居庸关为北平的咽喉，如果先攻取了居庸关，就可保北平无北顾之忧，便令大军攻关，余瑱军抵敌不住，且守且战，不得已弃关败走怀来，与宋忠合兵一处。

燕王取得居庸关后，又亲率步骑精锐8000余人，卷甲倍道直逼怀来。都督宋忠在阅兵的时候竟然发现自己手底下的30000多士兵竟然有很多是朱棣的旧部，非常担心士兵不肯奋勇杀敌。为了激发将士们的斗志，他便对部下撒谎说："你们的家都在北平，这次燕王起兵，你们的家人都已经被燕军杀了，北平城内尸积道路，惨不忍睹。"士兵们一听果然群情激奋，准备与朱棣拼死一战。

没想到，这个情况很快被朱棣知道了，本来朱棣还不知道接下来该如何应对，不承想宋忠给了他一个很好的助力。朱棣立即吩咐士兵集合了宋忠手下燕军旧部的所有家属，然后打着燕军的旗帜，排在军队的最前列。

两军交战，还没有开始打，宋忠手下的士兵就看到了自己的亲人，家人都说燕王在北平对他们很好，大家都安然无恙。宋忠的将士一听，一边骂宋忠欺骗了他们，一边不再听从宋忠的号令，纷纷丢盔卸甲，倒戈投降到燕王阵营去了。

宋忠完全没有想到是这样的结果，一时之间不知道如何应对。正在这时，朱棣亲自率领着训练有素的精锐之士冲过来。朱棣的将士们士气高涨，杀声震天，不一会儿宋忠的人马就被打得溃不成军了。

宋忠见大势已去，便立即重整兵马，试图退回怀来城保存实力。由于逃跑时仓皇无措，再加上朱棣的部下实在神勇无敌，所以城门还来不及关，便被燕军俘虏了。

怀来之战朱棣大获全胜，缴获战马8000多匹，宋忠余部基本上都选择了投降。

怀来之战结束后,朝廷对朱棣的威胁就大不如从前了,这场战役是朱棣起事后第一场大会战,燕军以少胜多,基本扫平了北平的围兵。

从这个故事可以看出,朱棣是一个极有谋略的人,在得知了宋忠的将士有很多是自己的旧部后,他巧妙地安排了那些士兵的亲属前去迎战,对方的士兵看到自己的亲人后一个个泪流满面,哪里还顾得上打仗。这一招不仅成功戳破了宋忠的计谋,可以说又是朱棣运用不战而屈人之兵的一次精彩之战。

"百战百胜,非善之善者也;不战而屈人之兵,善之善者也。"百战百胜,不算是最好的用兵策略,只有不战而使敌人屈服,才算是高明中最高明的。

时至今日,"不战而屈人之兵"的战略思想在现实生活中依然具有广泛的意义。倘若我们能通过独特的洞察力、信息分析能力和灵活的应变能力来处理事情,那么自然可以在充满竞争的各个领域中实现不战而胜的目的,从而让自己的人生之路走得更加顺畅。

知己而知彼，百战而不殆

谋略解读

《孙子兵法》："知彼知己者，百战不殆；不知彼而知己，一胜一负；不知彼，不知己，每战必殆。"意思是说：既了解对方也了解自己，百战不败；不了解敌方而熟悉自己的，胜负各半；既不了解敌方，又不了解自己，每战必然失败。

"知己知彼，百战百胜"是一个重要的兵法策略，同时也是成事谋局的智慧法则。在现代商业活动和人际交往中，我们想要取得胜利、获得成果，都可以灵活地运用这一谋略。它强调了了解自己和对手在竞争中的重要性，通过深入了解自己和对手的情况，我们可以制订出更加合理、有效的战略和策略，从而在竞争中取得优势，取得胜利。

谋略故事一

1644年，李自成率农民起义军攻入北京，崇祯皇帝上吊自杀。李自成被胜利冲昏了头脑，认为天下已定，对部下的恣意胡为采取了听之任之的态度。

其实，天下远未平定：拥有重兵的吴三桂还在山海关，而山海关外的八旗子弟早已对明朝的天下垂涎三尺——李自成对此竟毫无警觉！

在李自成的纵容下，京城内刮起一股"追赃风"：在京旧官按职位高低被摊派饷银，多者十万两，少者几千两，如有不交者，严刑拷打。"追赃风"越刮越烈，连商人、富户也不能幸免，一时间，京城内一片哀号。

镇守山海关的吴三桂本已决心投降李自成，但就在赴京途中，吴三桂得知了父亲吴襄因"追赃"受酷刑拷打已经奄奄一息，自己的爱妾陈圆圆已被李自成的大将刘宗敏夺走。对此，吴三桂怒不可遏，立刻返回山海关，向李自成宣战，同时派遣使者与关外摄政的多尔衮亲王取得联系，向多尔衮"借兵"。多尔衮得知明朝崇祯皇帝已死，占据北京城的是李自成的农民起义军，觉得这正是夺取明朝天下的"天赐良机"，立刻满口应允，调集八旗精锐，浩浩荡荡地向山海关进发。

李自成得知吴三桂反叛，亲率6万人马，以吴三桂的父亲为人质，怒气冲冲地杀向山海关，双方在山海关前展开激战。

吴三桂本不是农民军的对手，在激战的关键时刻，清武英郡王阿济格和大将扈尔赫率领数万八旗子弟兵突然出现在战场上，气势汹汹地向农民军冲杀过来。李自成和他的农民军从来没见过奇装异服的八旗军队，又见其来势凶猛，一个个抛下戈矛，掉头就跑。李自成见大势已去，仓皇向北京撤退。吴三桂与八旗军队穷追不舍，李自成接连退败，被迫退出北京。从此，李自成由胜利走向了彻底的失败。

李自成的问题，显然在于"不知彼不知己"。"不知彼"，是说他对于关外的清军一无所知，对于吴三桂的重要性也严重估计不足；"不知己"，是说当时的关内，南方尚有南明、大西等政权并立，他却以为天下大定，放任属下胡作非为，尽失民心。在对"己"和对"彼"都浑浑噩噩的情况下，李自成用自己愚蠢的行为逼反了吴三桂，不仅使自己的皇位摇摇欲坠，也导致清军入关，最终一败涂地。

知己知彼，是中国古代兵法中的精髓，强调了了解自己和了解对手在战争中的重要性，认为只有深入了解自己和对手的情况，才能在战争中取得胜利。

"知己"意味着要清楚自己的实力和优劣势。一个明智的决策者需要深入了解己方的军队、装备、战术、士气以及自身的心理状态。只有这样，才能制订出合理的战略和战术，充分发挥自己的优势，弥补自身的不足。

"知彼"则是指要了解对手的实力和情况。这包括对手的军队规模、装备水平、战术特点、士气状态以及他们的战略意图和可能采取的行动。通过深入了解对手，可以预测他们的行动，从而提前做出反应，制订有效的应对策略。

谋略故事二

三国时期，蜀国的丞相诸葛亮以其卓越的智慧和战略眼光闻名于世。一次，曹操率领大军南下，意图一举消灭蜀国和吴国。为了抵抗曹军的进攻，蜀吴两国决定联手抗曹。

然而，当时的蜀国军队却缺乏足够的箭矢。这时，诸葛亮想到了一个绝妙的计策。他了解到曹军虽然人数众多，但曹操生性多疑，且曹军多为北方人不善水战。于是，诸葛亮决定利用这一点来智取箭矢。

他请鲁肃连夜找来了二十艘草船，在船上扎满了人形的草把子，在一个浓雾的夜晚让士兵们驾船驶向曹军的营地。

这时候大雾漫天，江上的人连面对面都看不清。五更时分，船已经靠近曹军的水寨。诸葛亮下令把船头朝西，船尾朝东，一字摆开，又叫船上的军士一边擂鼓，一边呐喊。鲁肃吃惊地说："如果曹兵出来，怎么办？"诸葛亮笑着说："雾这么大，曹操一定不敢派兵出来。

我们只管饮酒取乐,雾散了就回去。"

曹操得知江上的动静后,下令说:"江上雾很大,敌人忽然来攻,必有埋伏,我们看不清虚实,不要轻易出动。拨水军弓弩手朝他们射箭便是。"然后,他又派人去旱寨调来六千名弓弩手,到江边支援水军。一万多名弓弩手一起朝江中放箭,箭好像下雨一样。诸葛亮又下令把船掉过来,船头朝东,船尾朝西,仍旧擂鼓呐喊,逼近曹军水寨受箭。

到雾散时,诸葛亮下令返回。船两边的草把子上都插满了箭。诸葛亮吩咐军士们齐声高喊"谢谢曹丞相的箭"。曹操知道上了当,可是诸葛亮那边船轻水急,已经驶出二十多里,要追也来不及了。

由于雾气浓重,曹军看不清草船上的真实情况,只能听到江面上传来阵阵鼓声和呐喊声,所以曹操不敢轻易出兵,只得命人放箭。正是因为诸葛亮深入了解曹军的性格特点和战略部署,巧妙利用天时地利人和的因素,成功地实现了以少胜多、以智取胜的战略目标。这也成了历史上一段传颂千古的佳话。这个故事也充分展示了诸葛亮"知己知彼"的谋略智慧。

"知己知彼"的智慧同样也适用于现代社会的各个方面。在人际交往、商业竞争、团队合作等场景中,了解自己和对方的情况,对于做出明智的决策和取得成功具有不可估量的价值。

首先，了解自己的优点和不足，可以更好地发挥自己的长处，同时也能避免在不足之处失误。

其次，了解对方的情况，包括对方的实力、策略、文化背景等，可以帮助我们预测对方的行动，提前做出应对措施，也可以更好地调整自己的策略，以达到最好的效果。

最后，知己知彼，不仅仅是战术层面的考虑，更是战略层面的布局。它有助于我们在复杂多变的环境中保持清醒的头脑，做出明智的决策，从而更好地应对挑战，取得成功。

谋略故事三

李景隆得知朱棣从宁王处班师的消息后，他派部将陈晖前去阻击，好巧不巧，很快陈晖就和朱棣的部队相遇了，刚被收入麾下的朵颜三卫正想一展身手证明自己的实力，结果不出所料，朵颜三卫轻轻松松就将陈晖的人马打得落花流水，四散而去。

此时李景隆的大军驻扎在郑村坝，得知陈晖战败的消息后，李景隆决定要在此好好会一会朱棣。南军虽然一时惨败，但实力尚存，面对对方几十万大军，朱棣自知跟他们打持久战自己占不到便宜，最好能够速战速决，这样既可以很好地保存实力，也能够进一步提振燕军士气。

朱棣自幼和李景隆一起长大，对这位儿时的玩伴十分了解，朱棣深知他空有许多军事理论，但对真实的战场知之甚少，作战经验十分缺乏，十足是一个纸上谈兵的家伙。几天的战斗下来，朱棣已经对李景隆的军队分配情况十分清楚，他知道南军的要害就是李景隆率领的中军，所以很快制订出新的作战方案。他们决定集中兵力对付李景隆的中军，只要李景隆移动位置，他们就会趁其尚未站稳的时候，派出骑兵快速出击。

正如朱棣所料，天黑之时，见北军没有任何动向，李景隆果然按捺不住，亲自带领中军前来作战，朱棣立即派出骑兵从左右翼发动猛烈攻击，李景隆在骑兵的左右夹击之下，很快就败下阵来。

这次战争朱棣给李景隆好好上了一课，让他第一次认识到了战争的残酷。兵败之后，李景隆一个人弃甲逃跑，郑坝村战役以朱棣获得全面胜利结束，此战之后朱棣初步掌握了战争的主动权。

朱棣不愧是一个出色的军事家和谋略家，他不仅能够在短时间内对李景隆的排兵布阵了然于心，还通过对李景隆的性格认知，精准地判断出对方的行为路径，从而制定出全新的作战计划，真正地做到了知己知彼，那么他能取得郑村坝战役的胜利就不足为奇了。而李景隆对战事和对手，甚至自己，都没有一个清晰的认知，最后落了个惨败奔逃的结局。

"知己"意味着对自己有清晰的认识,包括自己的实力、能力、资源、优势和劣势等。只有了解自己,才能制订出符合自身条件的战略,避免盲目行动和错误决策。

"知彼"则是指对对手有深入的了解,包括对手的实力、意图、行动计划和弱点等。了解对手可以使自己在战争中占据主动,通过巧妙的策略来攻击对手的弱点,或者预防对手的攻击。

在现代社会中,无论是在商业竞争还是人际交往中,"知己知彼"这一谋略始终发挥着重要作用。在商业竞争中,企业需要了解自身的产品特点、市场定位、品牌形象以及竞争对手的产品、营销策略等,在对对方情况了如指掌的情况下,结合自己的优势,就能生产出在市场上具有差异性的产品,从而有利地占有市场。

在人际交往中,这一谋略提醒我们要深入了解自己和对手的情况,据此制定出更为有效的策略,避免被对手所利用或欺骗,从而在各种环境中取得成功。

胜者以身谋局,万物皆为我所用

"上兵伐谋,其次伐交,其次伐兵,其下攻城。攻城之法为不得已。"

强者思维，以谋取胜

谋略解读

《孙子兵法》："上兵伐谋，其次伐交，其次伐兵，其下攻城。攻城之法为不得已。"

伐谋，就是以谋略挫败敌方的战略意图或战争行为；伐交，就是用外交战胜敌人；伐兵，就是用军事力量击败敌军；攻城，就是直接攻打敌人的城池。

以谋取胜是最高级的兵法，谋略高于外交手段，高于武力及攻城。谋略所追求的效果，就是以最小的代价克敌制胜。

真正的强者，往往能够以最小的代价换取最大的利益，或做到兵不血刃化问题于无形。他们是真正的谋略高手。

谋略故事一

齐国曾是春秋战国时期第一个称霸的国家。但是,齐桓公死后,齐国就逐渐衰败了。后来,齐景公当上了国君,为了恢复齐国往昔的繁盛,任用了晏婴等一批贤臣,使齐国再度走上欣欣向荣的道路。

齐国的繁荣和强盛引起了称霸中原的晋国的不安。晋平公为了向各诸侯国显示自己"霸主"的威力,进一步巩固统治地位,就想征伐齐国,给齐国一点厉害看看。为了探清齐国的虚实,晋平公派大夫范昭出使齐国。

范昭到了齐国,齐景公安排了盛大的宴会款待晋国使者。酒到酣处,范昭对齐景公说:"请大王把酒杯借我用一下。"齐景公不知其意,便吩咐侍从:"把我的酒杯斟满,为上国使者敬酒!"侍从倒满酒恭恭敬敬地送到范昭面前,范昭端起酒,一饮而尽。

齐国的大臣晏婴把范昭的举止和神色看在眼里,大为愤怒,厉声命令斟酒的侍从:"撤掉这个酒杯!给国君换一个干净的。"

范昭闻言,吃了一惊。他干脆佯作喝醉,站起身,手舞足蹈地跳起舞来,边舞还边对乐师说:"请给我奏一曲成周之乐,以助酒兴!"

乐师从晏婴命令侍从撤杯的举动中看出了范昭的用意,站起来对范昭说:"下臣不会奏成周之乐。"

范昭连讨没趣,借口已经喝醉,告辞回驿馆去了。

齐景公见范昭不悦而去，心中不安，责怪晏婴说："我们要跟各国友好往来，范昭是上国使者，怎么能惹怒人家呢？"

晏婴回道："范昭不过是以喝醉为名来试探我国的实力。臣这样做，正是要挫掉他的锐气，使他不敢小看我们。"

乐师也跟着说："成周之乐是供天子使用的，范昭不过是个小小使者，他也太狂妄了。"

齐景公恍然大悟。

第二天，范昭拜见齐景公时，连连向齐景公道歉，说自己酒醉失礼。齐景公回了几句客套话，然后派晏婴带范昭去齐国的军营和街市上参观。

范昭回国后，对晋平公说："齐国国力不弱，君臣同心，暂时不可图谋。"

于是，晋平公灭了攻伐齐国的念头。

晏婴不愧是一个谋略高手，懂得运筹之道，他通过晋国使臣范昭饮酒和奏乐的动作，敏锐地洞察到对方真正的意图，并且连破对方两招，不仅大灭晋国使臣的气焰，也彰显了齐国的实力。可以说，晏婴揭露、破坏了敌人的计谋，打乱了他们的战争计划，真正做到了以谋取胜。

谋略故事二

齐国名相管仲，善于用谋略来击垮对方，能不动一兵一卒而击溃对方。管仲被重用，多亏了鲍叔牙向齐桓公举荐。当初齐国势强，齐桓公便想着要称霸，鲍叔牙遂举荐管仲，直言齐国想要称霸没有管仲的帮助是做不到的。

齐国要称霸，首先要实现国家富强，而国家的富强需要依靠商业的发展，为此，管仲上任后便颁布了许多有利于国家商业发展的政策，国富兵强后他发起了贸易战。

当时齐国面临的主要敌人是楚国，于是管仲向齐桓公献上"公贵买其鹿"的计策，即通过以高价收购鹿的方式，让楚国人荒废农业，不事种植，导致粮草供应不足，百姓饥饿，战士无力，从而极大地削弱楚国的军事力量，最终使得楚国不攻自破。

齐桓公采纳了他的建议，他在齐楚边境筑城，并从楚国商贩手中以每只野鹿8万钱的价格大量购入，囤于城中。与此同时，齐桓公开始大量囤积粮草。

当管仲拿着2000万钱向楚王购买野鹿时，被楚王狠狠嘲讽了一顿。楚王认为管仲太傻了，这简直就是送上门的买卖，不做白不做，于是他命令百姓捕捉楚国境内的野鹿。由于百姓都去捉野鹿了，自然就没有时间种庄稼，这样一来田地很快就荒废了。

当楚国粮食紧缺的时候，齐国直接关闭了贸易通道，这样一来楚国粮食问题就得不到解决。由于粮食不能及时供应，楚国的粮价飞升，为了生计楚国人民不得已只好迁移到了齐国，据说当时楚国许多百姓都因为粮食短缺倒向了齐国。就这样，齐国在三年后就拿下了楚国。

如果当时管仲没有用这个方法，而是仗着国力强盛大肆发动军队进攻，那么结果极有可能会两败俱伤，这样就给了其他国家可乘之机，齐桓公要想称霸也就不可能了。但管仲不愧为一流的谋士，竟然出奇谋而大获全胜，可以说以极小的代价达到了最终的目的。

这一策略，在现代社会依然适用。

无论企业经营，还是在工作生活中，与其与竞争对手正面对抗给自己带来巨大损失，不如先停下来寻找策略，运用谋略达到自己的目的，这才是最明智的。比如：企业在推出新产品时，可以根据社会热点事件找准营销时机，从而扩大影响力；或者在优化产品链的基础上，降本增效，突出性价比等。

谋略故事三

在朱棣30岁的时候，迎来了他的第一次独立出征。这次行动的主要目标是消灭北元太尉乃儿不花，彻底肃清残元势力。

三月初二，燕王朱棣率领傅友德等人出发，出了古北口后，看到空旷的草原沙丘，朱棣一时也不知道怎么办，完全不知道敌人藏身何处？

在不明白敌情的情况下，朱棣并没有盲目进兵，而是把大家召集起来商量对策。由于元军没有城池，居无定所，带大兵前进寻找根本不现实，这样不仅容易暴露目标，而且会让将士们非常疲惫。于是朱棣果断下令停止行军，就地安营扎寨。

与此同时，他派出四路轻骑，让这些人都穿上蒙古人的衣服，分头打探敌情。功夫不负有心人，两天过后，有一支刺探敌情的骑兵找到了乃儿不花的大营，他们的大营扎在了迤都（今蒙古苏赫巴托）。

得到这个消息之后，朱棣特别开心，便立即挥师前进。孰料天公不作美，在行军的过程中，竟然下起了大雪。这个时候有谋士建议等雪停了再走，冒雪前行会降低将士们的战斗力，但朱棣并不认同，他表示越是下雪，元军越是不会出动，正是要趁着大雪，敌人疏于防范之时，打他们一个措手不及。

在朱棣的带动下，将士们个个热血沸腾，他们很快抵达了迤都，并在元军营帐不远处安营扎寨，此时元军并没有发现自己已经被燕军包围了。

按常理来说,既然已经兵临城下了,直接开战打他个措手不及,这样胜利的把握也大。可是朱棣并没有这么做,而是派手下的得力干将观童劝乃儿不花投降。

观童也是元人,他与乃儿不花是故交,乃儿不花见到观童后特别开心,热情地请他就座。

两人聊了很多,最后观童试探着劝乃儿不花投降,但被乃儿不花拒绝了,他声称自己是成吉思汗的子孙,誓要死在战场上,绝不投降。

可当知道已经被燕军包围时,乃儿不花才明白自己已经插翅难飞了,他见大势已去,只得投降。

观童带他去见朱棣,朱棣设宴款待,对他礼遇有加,直到酒足饭饱后才让他离去。

部众及家人见乃儿不花安全回来,也都放下心来,不再想逃跑,乃儿不花也很受感动,于是率部众归降。

据说,消息传到南京,朱元璋非常开心,他对朝中大臣说:"有朱棣在,就不用担心北边元军的侵扰了。"

这一战展现出了朱棣高超的谋略和杰出的军事才华,为他在朝廷和百官之中建立起了崇高的威信,也使他逐渐成长为朱元璋倚重的重要力量。

在职场上，同样是这个道理，面对强大的竞争对手，我们一定要保持冷静的头脑，首先要保证自己的本职工作不出错，切忌冲动行事直接跟人发生冲突，我们要想办法在尊重对方、保持体面的前提下，争取有利的资源和支持，漂漂亮亮地赢得对方的认可。

经营人脉，成就大事

谋略解读

独木不成林，单弦不成音。

在这个世界上，人脉资本比黄金都贵，人脉通了，路相对就好走了；人脉不通，路则会走得很艰难，所以经营好人脉就显得特别重要。

一个人要想成功破圈，最好多接触外界，多交友，慢慢建立起自己的人脉网，当人脉网的面积不断扩大，就能拥有更多机会。

在这个世界上，人才是最大的资源，是无敌的竞争力，你做不到的事情，别人能做到；你觉得难的事情，对别人来说可能轻而易举。广结优秀的人，拓宽人脉，将会得到意想不到的收获。

谋略故事一

晚清名臣曾国藩非常注重交友，他在湖南乡下时，曾为交不到高质量的朋友而苦恼，后来他在致诸弟的家信中这样写道："乡间无朋友，实是第一恨事。"

他刚考中进士，来到京城，在翰林院任职时，就开始广交朋友。当时的曾国藩圈子特别小，也没有人脉，认识的人仅限于同乡会里的同乡和同学，好在曾国藩为人忠厚，十分乐于助人。

曾国藩的一个好朋友梅霖生，道光二十一年（1841年）在北京病死了，曾国藩为他筹集了一千多两银子，帮他料理了一切身后事，除去丧葬费和安排灵柩回家的路费外，剩余的银两都留给梅霖生的孤儿寡母作生活费。对这件事，曾国藩在家书中是这么记录的，"梅霖生身后一切事宜，系孙料理。共可张罗千余金。计京中用费，及灵柩回南途费，不过用四百金，其余尚可周恤遗孤。"

他的一个同乡，新宁人邓铁松在北京得了重病，无可挽回之际，也是曾国藩出钱出力将他送回了湖南；他的另一个好朋友刘传莹在北京病死后，曾国藩搜集他留下来的文章，为他刻印出版了遗著；曾国藩的同乡，也是同时一起入选翰林院庶吉士的陈源兖，在道光二十三年（1843年）曾经生了一场大病，曾国藩天天过去看望，有的时候昼夜守在他的身边，曾国藩家书上是这样记载的，"是日全未离身。夜住陈寓。观其症险，极惶急无计，一夜不寐。"

曾国藩交友广泛，待人亲厚，有情有义，因此在同乡会中声望极高，所以自从道光二十六年（1846年）起，凡湖南籍京官给皇帝上的谢恩折，都由曾国藩领衔，大家一致推举曾国藩做湖南京官代表。可见曾国藩已经成为在北京的所有湖南官员的领袖。广交良友对他在仕途上的发展，有着非常重要的影响。

曾国藩在漫长的官场生涯里还总结了一套"曾氏交友秘籍"。

"八交"："胜己者；盛德者；趣味者；直言者；体人者；志趣广大者；肯吃亏者；惠在当厄者。"

一交胜己者：某些方面超过自己，值得自己学习的人；

二交盛德者：品德高尚的人，近朱者赤，近墨者黑，品德的养成在于熏陶；

三交趣味者：趣味高雅的，和与其趣味相投的人；

四交直言者：那些耿直不阿，敢于直言劝谏的人；

五交体人者：懂得体谅他人，能够在细微之处给人温暖的人；

六交志趣广大者：志向远大的人，这样的人能开阔人的胸襟和视野；

七交肯吃亏者：肯吃亏的人，心怀广大，能容人，能交得长远；

八交惠在当厄者：那些遇到困难不抛弃朋友的人，才能靠得住。

"九不交"："谀人者，恩怨颠倒者，愚人者，好占便宜者，德薄者，全无性情者，志不同者，不孝不悌者，落井下石者。"

一不交谀人者：不结交喜欢阿谀奉承的人；

二不交恩怨颠倒者：不结交恩怨是非不分的人；

三不交愚人者：不结交以权术愚弄别人的人；

四不交好占便宜者：不结交好占便宜的人；

五不交德薄者：不结交品德不好的人；

六不交全无性情者：不结交没任何兴趣爱好的人；

七不交志不同者：不结交志向相左的人；

八不交不孝不悌者：不结交对父母兄弟都不好的人；

九不交落井下石者：不结交落井下石的人。

曾国藩能得到道光皇帝的赏识，成为晚清一代重臣，在变幻莫测的晚清官场中始终屹立不倒，他的"八交九不交"交友之道，以及为人处世的能力，实在是功不可没。

人不是独立的个体，活在这个世上就会和别人发生交集，要想谋成功，成大事，就要在提升实力的同时，不断扩大自己的交际圈子。

一旦建立了良好的人脉关系网，成功也就是顺其自然的事情了。

谋略故事二

公元161年，刘备出生于涿郡涿县（今河北省涿州市），家境普通的他，并没有什么优秀的教育资源，可他却有一位很有远见的母亲。当时的刘备最喜欢参加大大小小的宴会，四处结交朋友。

刘备的一生中结交了许多重要的朋友，比如关羽、张飞、公孙瓒，这些朋友在他创业的时候，为他提供了非常重要的帮助。苏双、张世平是富甲一方的商人，刘备招兵买马时，他们为刘备拿出了大量真金白银。

关羽和张飞，则是刘备事业最初的合伙人，他们与刘备同甘共苦，一起奋斗；刘备落魄后，公孙瓒站了出来，毫不犹豫地扶持他东山再起。

后来，刘备三顾茅庐请来了诸葛亮，诸葛亮为蜀汉政权贡献了数不清的智慧和策略。诸葛亮的加入，不仅提升了刘备的军事和政治能力，更为他带来了广泛的人脉资源。

刘备明白单靠个人的力量是有限的，因此他积极寻找盟友，与孙权结成同盟，共同抵抗强大的曹操。这种外交手腕不仅为刘备赢得了宝贵的时间和空间，也为后来的蜀汉立国打下了基础。

从以上故事中，我们不难看出，刘备非常懂得结交人脉。最终，他在众人的助力下一步步成就了霸业，可以说没有人脉就没有刘备的蜀汉政权。

广交人脉在现代社会中仍然很重要，尤其是在事业中，如果有人脉，在别人的助力下事业的成功不过是水到渠成的事，即便是在险境之中，也会出现逢凶化吉的奇迹。

谋大事的人，都深谙人脉的重要性，有了人脉就增加了成功的可能性，平时多注重拓宽人脉，实在是明智之举。

任何时候都要知道，一个人的力量是薄弱的，就算再厉害的双拳也难敌四手，只有不断拓宽人脉，广交优秀的人，才能更有利于事业成功。

谋略故事三

朱棣深知人才的重要性，他明白就算个人能力再强，单枪匹马也难以成就大事。他知道要想成事，就要广纳人才，拓宽人脉，得到他人的助力。

首先当然是明朝第一谋士道衍和尚姚广孝。得知马皇后宾天后，朱棣从北平赶回南京奔丧，这期间与姚广孝相识。因政治立场相同，两个人一见如故，朱棣便把姚广孝从南京带到了北平。到了北平，朱棣任命姚广孝为大庆寿寺的主持。

据说，有一年冬天，两人对雪饮酒，一时来了兴致，便要作对联助兴。朱棣出了个上联："天寒地冻，水无一点不成冰。"姚广孝意味深长地对了个下联:"国乱民愁,王不出头谁做主。"朱棣在说天气,可是姚广孝却意有所指,时不时地有意提点朱棣。

除了姚广孝,袁珙也是不可多得的人才,他是姚广孝的好朋友,十分精通相术,要知道这一技能在封建社会非常重要,因为当时的人大都信奉鬼神之说。

朱棣与袁珙约在一个酒馆中相见,朱棣有意试一下袁珙的本领。当时他身穿士兵的衣服混在士兵中,来到酒馆。袁珙一见此人气宇不凡,一下子就认出了他,当即跪在朱棣面前,惶恐地说道:"殿下何必如此作践自己啊?"朱棣看他能认出自己,觉得这人有真本事,一行人随后便来到王府。

到了王府,众人分宾主落座之后,朱棣先是对袁珙称赞了一番,然后便迫不及待地请他为自己看相。袁珙也没有拒绝,当即认真地看了朱棣的面容,最后说道:"王爷龙形而凤姿,天广地阔,日丽中天,重瞳龙髯,二肘若肉印之状,龙行虎步,声如洪钟,实乃苍生真主,太平天子也。年交四十,髯须长过于脐,即登宝位时。"不知道袁珙是为了奉承朱棣而拍的马屁,还是为了谋得一份好前途而信口雌黄,总之通过这次相面,袁珙便被朱棣留在了身边,并得到了重用。

袁珙的儿子袁忠彻,尽得其父真传,当袁忠彻跟随袁珙拜见朱棣时，朱棣正好在宴请朝廷驻扎在北平的文武大臣，他便让袁忠彻为各位大臣相面。袁忠彻根据面相预言宋忠、张昺、谢贵、耿瓛、史景清等人都会不得善终，朱棣听了之后非常高兴。

不仅如此，在姚广孝的推荐下，朱棣还得到一位不可多得的人才——金忠。

当时，时年46岁的金忠一事无成，为了生计只能在京师摆个卦摊混口饭吃。据说金忠的卦象非常灵，姚广孝就向朱棣推荐了他。

姚广孝对朱棣说："此人来京城不过两三年时间，百姓、商人甚至官府公人都找他算卦，我看此人颇有本事，殿下不妨笼络一下此人。"

在姚广孝的引荐下，朱棣和金忠一见如故，两人整整聊到半夜，自此金忠任燕王府纪善，很快成了燕王的心腹。朱棣登基之后，金忠官至兵部尚书。

朱棣用人不拘一格，不会管你是什么人，只要你有能力，能为我所用，就会被留用。

这个故事充分展现了朱棣广纳人才、广交人脉的策略，正是有了这些人的助力，朱棣才造就了传世伟业。如果没有诸多人才的鼎力相助，朱棣恐怕大业难成。

在日常生活中，人脉也同样重要。一个人就算再有能耐，如果单枪匹马也难以成大事；相反，若有了良好的人脉，凡事都能够得到他人的助力，那么就离成功不远了。

任何时候都要知道，人脉竞争力是核心竞争力，平时多结交人脉，遇事才不会慌乱，这未尝不是处事的大智慧。

居安思危，有备无患

谋略解读

生活安宁时要考虑危险的到来，《尚书·说命》有云："居安思危，思则有备，有备无患。"意思是：凡事提前做好准备，就能在很大程度上避免灾祸。可现实中极少有人能做到这点。

人生的每一刻，我们都需要做到有备无患。提前做好准备可能会有备而无用，但至少不会让自己措手不及。

我们这一生，谁也不知道明天和意外哪一个先来，因此要提高应对风险的能力，这样即便遇到了意外也能从容地面对。

我们无法左右环境，但完全可以为未来多做准备，懂得凡事提前做准备的人，未来不会过得太差。

谋略故事一

春秋时期，宋、齐、晋、卫等12国联合围攻郑国，郑国国君十分惊慌，急忙向12国中最强大的晋国求和。晋国同意讲和，其余11国便也停止了进攻。

郑国为了讨好晋国，给晋国送去大量礼物，有著名乐师、成套的兵车、歌女等，还有许多乐器。晋悼公看见这么丰厚的礼物，非常高兴。

郑国原送来16名歌女，晋悼公打算将其中的8个赠给他的功臣魏绛，说："你这些年为我出谋划策，每件事办得都很顺利，我们也真是合拍啊！现在有了礼物，咱们该一同享受才是。"

可魏绛却毅然谢绝了晋悼公的好意，并且对晋悼公说："国家之所以强盛，首先是因为您治理国家的才能，其次是靠众位同僚的齐心协力，我个人哪里有什么贡献？但愿您在享乐之时，能想到国家还有许多事等着您处理。《尚书》说：'居安思危。思则有备，有备无患。'现在我不得不将这话说给大王听！"

魏绛的冷静理智和深谋远虑，令晋悼公大受震动。晋悼公心里不禁想：是啊，今天受困的是郑国，他们不得不向我求和，只因我们国力强大。倘若我现在耽于安乐，他日难保不会遭受和郑国同样的困境而被迫向他国求和。

从此，晋悼公对魏绛更加敬重了。

由此可见，魏绛是一个居安思危的人。郑国向晋国求和，是因为晋国的军事力量强大，但战场风云变幻，暂时的强大并不代表永久的强大。如果在国家一时强大时，晋悼公耽于享乐，不居安思危，说不定下一个被欺负的国家就是晋国了，到时候再做准备就来不及了。

居安思危是一种生存的智慧，也是智者的谋略。

人生如棋，我们要懂得"月满则亏，物盛则衰"的道理，懂得居安思危，时刻保持警惕，凡事提前做好准备，有能力随时清除祸患，才能无患。

谋略故事二

明朝有一个叫王韶的官员，非常善于治水，便被任命为太仓县县令。太仓县位于长江边上，常年遭受洪水的威胁。

王韶上任后，为了减轻洪水对太仓县的威胁，采取了一系列有效的防洪措施，比如开凿渠道、加固堤坝、做好引流等。不仅如此，王韶还在县城的中央建造了一座高大的钟楼，用来作洪水预警。

有一年夏天，天气非常炎热，王韶隐隐感到不安，他担心这样的天气会有大雨，一旦大雨倾盆而下，就可能导致洪灾发生。为了以防万一，王韶便下令全县的官员和民众都做好防洪准备。奈何当时大家并没有把他的话当回事，甚至还有一些人觉得王韶是杞人忧天。

几天后，一场大雨突然降临，长江的水位迅速提高，洪水也逐渐向县城靠近，这个时候王韶命人及时敲响了钟楼上的警钟，提醒县里的所有人马上向高地撤离。由于事先做了充足的防洪准备，大部分人都平安转移了，但是也有一部分不听他劝告的人，因为不想撤离最终葬身洪水中了。

很明显，王韶是有忧患意识的，虽然当时洪水还没有到来，但他提前最好了防御准备，这样洪水不来也没有什么损失，一旦洪水来了，就能把损失减少到最小。

居安思危是一种思想谋略，它要求我们时刻保持警惕，做好随时发生危险的准备。只有这样，当危险来临的时候，我们才不会受到更大的伤害。

谋略故事三

定都北京之后，朱棣并没有贪图享乐，而是着手处理北部的边防问题。朱棣深知，作为国家的政治中心，北京的边防的重要性不言而喻，因此便对周边少数民族采取了一些政策，其中最重要的做法就是在东北地区设立奴儿干都指挥使司。

明朝建国之初，元朝虽然已经灭亡，但是依然时不时对明朝边境进行骚扰，尤其是在北部蒙古地区的残元旧部和东北等地区的少数民族势力。

洪武年初，为了防止北元借助东北地区的势力复国，朱元璋便用了招抚的政策。那时，北元辽阳行省平章刘益投降了大明，朱元璋便在此设置了辽东卫。后来，改辽东卫为辽东都指挥使司，简称辽东都司，作为大明管理整个东北地区的最高行政机构。

辽东都司建立后，东北大部分地方相继归附了大明，只剩下北部及黑龙江南部地区仍盘踞着兵多将广的北元东北王纳哈出势力。

朱棣即位后，为了加强北部的边防，决定迁都北京。为了防止北元势力借助东北少数民族的力量威胁中原，朱棣十分注重对东北地区的管理。

朱棣深知，一旦东北的少数民族和北元的势力合作，可能会对大明的江山带来巨大的威胁。此时，朱棣正集中兵力对付北部的蒙古势力，所以根本无暇顾及东北地区的少数民族势力，在这种情况下，也采取了招抚政策。

辽东地区的军事战略地位极其重要，古人曾这样评价，"辽北拒诸胡，南扼朝鲜，东控夫馀真番之境，负山阻海，地险而要。中国得之则足以制胡，胡得之，亦足以抗中国。故其离合，实关乎中国之盛衰焉。"久经沙场的朱棣，自然明白这个道理，因此招抚东北少数民族至关重要，这不仅有利于缓解北京的危险局势，也有利于自己的统治。

在朱棣的招抚政策下，东北很多少数民族都归降了。由于没有了东北少数民族的支持，北元作乱的纳哈出最后也只能选择归降，复国的愿望也就泡汤了。

据史料记载，永乐元年（1403年）五月，朱棣登基不久后便大方地下达了诏令："赐东宁卫千户王得名钞百七十六锭，彩币七表里，纱衣二袭。得名先往朝鲜招抚辽东散漫军士复业……"在这种招抚政策之下，前来归降的人不计其数，效果非常之好。

辽东一带聚集的主要是女真等少数民族。朱棣对于这些少数民族子民十分关心。他不仅亲自询问女真等民族地区的风土人情，还专门派人前往该地宣传落实自己的招抚政策。

为了进一步稳固招抚的效果，做到有备无患，永乐二年（1404年），朱棣再次命令已经归降的东千户王可仁到辽东地区去宣传自己的招抚政策。

为什么让王可仁去呢？因为他归降大明后获得了不少赏赐，让他去更有说服力。

燕王朱棣的封地本就是北平，北方防线由他驻守，自然是万无一失。可他登基之后，长期待在南京，如此一来，北平空虚，北元势力就时常来犯，没有人能与之抗衡。时间一长便越来越猖狂，加之东北女真势力崛起，难保几方势力不会交织在一起，如此大明王朝北方的防线就十分危险了。所以说，朱棣决定迁都北京是一个非常明智的决定，这充分体现了他居安思危的长远眼光和治国之才。对东北地区的少数民族采取招抚政策，同样如此。

登基之后，倘若朱棣不迁都北京，而是继续留在南京，很可能会对统治造成影响，虽然一时没有什么问题，但并不代表以后没有，倘若没有提前做好准备，一旦危险来临了，就真的晚了。

居安思危的智慧对我们的现代生活依然有启示作用。这提醒我们，即使处于安全和舒适的环境中，也应该时刻警惕可能出现的危险或问题。这种警觉性有助于我们提前做好准备，避免在真正面临困难时措手不及。

审时度势，择良木而栖

谋略解读

在中国古代的传说中，凤凰是最奇特的一种鸟，凤凰非梧桐不栖，所以有"凤凰栖梧"和"良禽择木而栖"之说。原意是比喻优秀的人才应该选择能发挥自己才能的好单位和善用自己的好领导。

在中国古代，有谋略、有智慧的人，在选择自己的君主时是非常慎重的，他们看重君主的胸怀和特质，是否民心所向，是否雄才大略，是否是贤明圣主，追随他们能否一起共创大业。可以说，这些有谋略的人的择主理念，透露出一种深沉的智慧。

"良禽择木而栖"不仅是一种强者的生存法则，也是一种智者的谋略。一个想要成就一番事业的人，会把自己所选择的"良木"当成助力成功的资源或砝码，一切资源都为我所用，他们的选择本身就是一种对未来的投资。

谋略故事一

古代历史上关于"良禽择木而栖"的故事，最为著名的例子便是王猛选择辅佐苻坚的故事。

王猛，字景略，北海郡剧县人（今山东省寿光市），是东晋十六国时期前秦大臣，著名的政治家、军事家。公元325年，正是西晋灭亡后、中原大地战乱频繁的时期，这位不甘心沉沦的少年观风云变幻，开始读书，决心成就一番事业。

他曾经出游后赵国都邺城（今河北临漳西南），达官贵人们没有谁瞧得起他，唯独一个"有知人之鉴"的徐统"见而奇之"。徐统在后赵时官至侍中，召请他为功曹。王猛就是不答应，继续隐居于西岳华山，期待明主的出现，静候风云之变而后动。

当他听说东晋大将军桓温入关后，身穿布衣前往求见桓温，并纵谈天下大事，显示出其卓越的才干。然而，王猛看透了桓温恢复关中的真正意图，认为此举只能为桓温带来虚名，而实际利益将归于朝廷。因此，他拒绝了桓温的邀请，选择继续等待能真正发挥自己才能的明主。

后来，苻坚向尚书吕婆楼请教除去苻生之计，吕婆楼力荐王猛。苻坚与王猛一见面便如平生知交，谈及兴废大事，句句投机。王猛终于找到了能发挥自己才能的明主，他尽心尽力辅佐苻坚。在王猛的协助下，前秦政治清明，国力强盛，大破前凉，荡平前燕，成就了一个强大的前秦。

这个故事正是"良禽择木而栖"的生动体现。王猛作为一位有卓越才能的人才，他没有急于求成，而是耐心地寻找能够真正发挥自己才能的平台。他拒绝了桓温的邀请，最终选择了苻坚，这是因为他看中了苻坚的志向和才能，认为在苻坚的领导下，他能够更好地实现自己的价值。

优秀的人才应该像良禽一样，选择适合自己发展的环境和领导。只有在更好的平台上，他们才能充分发挥自己的才能和潜力，为社会和国家做出更大的贡献。

王猛通过精心选择自己的主公，最终找到了能让自己充分发挥才能的明主，并在为其效力的过程中实现了自己的价值。这也启示我们，在选择工作、事业或合作伙伴时，应该慎重考虑，从而选择那些能让自己发挥最大才能、实现价值的平台或人物。

谋略故事二

公元前209年，陈胜吴广在大泽乡起义，一时间群雄并起。

此时，一个胸怀大志的年轻人陈平看到了成就大业的机会。陈平先前去投奔魏王咎，被任命为太仆，这是一个掌管车辆和马匹的职位,并没有多大实权。陈平一心想建功立业,曾多次向魏王咎献策都未被采纳,还被一些奸佞小人中伤诋毁,而魏王咎不加判断就听信了这些谗言。陈平认识到,魏王咎是一个平庸之辈,在这里难以有所成就,于是毅然出走。

这时候,项羽率领的义军一路攻城拔寨,已经成为反秦队伍中势力很强的一支力量。在离开魏王咎后,陈平就投奔了项羽。陈平跟随项羽入关打败了秦国,并被授予爵位。后来,陈平又率兵击败了殷王,被项羽拜为都尉。正当陈平以为英雄终于有了用武之地时,陈平再一次敏锐地觉察到项羽的致命弱点,觉得他志大才疏,无道乏能,难成大气候,因此便开始寻求其他机会。

公元前206年,通过汉军将领魏无知,陈平见到了刘邦。刘邦赐给他酒食,吃完就想把他打发走。

陈平知道机会难得,郑重其事地对刘邦说:"我为天下大事而来,要说的事不能挨过今天,并且只能对你说。"

刘邦听他这么一说,瞬间来了兴致,两人纵论天下大事,谈得十分投机。刘邦断定陈平是一个不可多得的人才,当即决定把他留在身边,所以好奇地询问:"你在楚军里担任什么官职?"

陈平回答说:"担任都尉。"

刘邦就让陈平在汉军中仍然担任都尉,让他当自己的骏乘,监护三军将校,也就是主管监督联络各部将的事。这是一个非常重要的职位，足可见刘邦对陈平的认可。

公元前204年，楚汉战争进入到最艰难的时刻。陈平敏锐地洞察到，楚国内部的不稳定因素，认为可以使用反间之计，引起内讧，使其内部先分崩离析，然后再趁机进攻。于是，陈平利用项羽疑心重、爱猜忌的特点，献上了关键的一计："项王身边只有范增、钟离昧、龙且、周殷等几位耿直的大臣。如果大王舍得花几万金，离间他们君臣关系，使之上下离心，趁他们内耗严重之时，我军再乘机进攻，一定可以获胜。"

果不其然，项羽听信谗言，使范增、钟离昧等因遭猜忌而不被重用，使得楚军大为受损。

在秦末汉初的动荡时期，陈平始终保持清醒的头脑和敏锐的判断力，他三易其主却选择能够让自己发挥才华的主君，并最终帮助刘邦建立了汉朝，成为汉初三杰之一。

陈平不愧是一位谋略高手，他两次换掉"旧主"，别投"新主"，这种明智的"改换门庭"，终于使自己成就了毕生的抱负。与其说刘邦看中了陈平，不如说陈平选择了刘邦。真正有谋略的人，会以身入棋局，把自己所选择的"良木"当成助力自己成功的资源，一切资源和人的选择都是其成事谋略中的一部分，他们的选择本身就是一种对未来的投资。

成就了一番伟业的明成祖朱棣也是如此。

元顺帝至正二十年（1360年）四月十七日，朱棣在战火中出生，生母不详。可以说，历史上关于他生母的记载非常之少，只知道朱棣后来被马皇后养在身边。然而朱棣在靖难起兵之前，经过一番谋划，将自己说成是马皇后的儿子。这样一番安排，是别有深意的。如果把自己说成马皇后之子，那就等于告诉天下人他是嫡子，何况此时大哥、二哥、三哥都已经亡故了，而他是朱元璋的第四个儿子，且又是嫡出。其中的意味不言而喻。

朱棣本来不是嫡出的皇子，但却可以借着"嫡出"的名义，改变自己面临的不利的局势，从而谋取有利的局面，这不得不说是一种生存智慧。

这里的"良木"并不是指最好的地方，而是指对自己最有利的地方。由此可见，有谋略的人会审时度势，看清对自己有利的形势在哪里，然后择良木而栖，借助良木的势，成就自己的大业。

在工作和生活中，形势总是处在不断的变化之中，我们要想始终保持有利的形势，就要懂得审时度势。

心胸狭隘，则量小福薄

谋略解读

《菜根谭》中有这样一句话："仁人心地宽舒，便福厚而庆长，事事成个宽舒气象；鄙夫念头迫促，便禄薄而泽短，事事得个迫促规模。"

仁善博爱的人心胸宽广舒畅，所以能够福禄丰厚而长久，事事都能表现出宽宏大度的气概。浅薄无知的人心胸狭窄，所以福禄微薄而短暂，事事都表现出目光短浅和狭隘的格局。

正所谓量小非君子，一个真正博爱仁慈的人，心胸宽广舒畅，人生福禄也正是源此而来。相反，一些嫉贤妒能的人心胸狭隘，将他人之"得"，看作自己之"失"，把他人的才华甚至存在，当成自己的假想敌，从而为人生设下重重障碍。

人生障碍越多,活得越痛苦,成就事业的几率越小。一个人只有用自己宽广的胸怀与大气的格局化解前进路上大大小小的障碍,才能一路顺风顺水。

谋略故事一

孙膑和庞涓都是鬼谷子的弟子,一起求学兵法时,二人关系非常要好。后来,庞涓先去辅佐魏王,使得魏国强盛一时,等孙膑应招也来到魏国的时候,魏王就想让孙膑当副军师。可庞涓却对魏王说:"这个人是我的同窗好友,并且比我稍大一些,怎么能让他当副的呢?要不就让他先拜为客卿吧,等他为国立功之后,我就可以将位置让给他,并且甘愿在他之下了。"听了庞涓的进言,魏王就改变了主意。

实际上,庞涓早就知道,老师鬼谷子将看家的本事都教给了孙膑,也深知孙膑的才能要胜过他千百倍,怎奈庞涓是个心胸狭窄之人,无法容忍别人比自己优秀。

没过几天,魏王又提出让孙膑和庞涓各自演示自己的阵法,也想借此机会考察一下孙膑的能力。面对庞涓摆出的阵法,孙膑轻而易举就破解了;而面对孙膑摆的阵法,庞涓却不知所措,根本找不到破解的方法。庞涓为此很是不悦,对孙膑产生了强烈的嫉妒之心,还萌生了铲除孙膑的邪念，以防孙膑日后功劳盖过他，阻碍他的晋升道路。

为了陷害孙膑，庞涓想出了一个计策。他先是派人跑到孙膑的家乡打探孙膑家中的所有情况，又命人伪造了一封家书，骗取了孙膑的回信，得到孙膑的笔迹。庞涓模仿孙膑的笔迹，将孙膑的家书修改成了背魏投齐的信件，再将伪造的信交给了魏王。

开始的时候，魏王并没有完全相信。庞涓又怂恿孙膑去跟魏王请假回家探亲。孙膑没想到庞涓会使计陷害他，就写了一封请假的信件交给了魏王。魏王看到了孙膑告假的信件之后，勃然大怒，彻底相信了孙膑对自己不忠，便下旨免去了他的官职，还把他交给了军师府定罪。

庞涓见到孙膑还装作一无所知的吃惊样子，当着孙膑的面还说要为孙膑求情。实际上到了魏王那里，庞涓根本就没有帮孙膑求情，而是告诉魏王，他认为孙膑虽然触犯了私通齐国的大罪，但是还不至于处死他，不如处以极刑，让他残废，一辈子都不能重归故土。这样一来，既把孙膑的性命保住了，又免除了后患，是两全其美的事情。

魏王听了之后，采纳了庞涓的意见。庞涓回去后又告诉孙膑，魏王本想要处死你，我再三地劝说才勉强同意不处死你，不过要对你处以极刑，我已经尽力了，实在没办法了。

很快，孙膑就被处以了极刑，双膝盖骨都被剔掉了，孙膑因为难忍剧痛昏厥过去了。庞涓还在孙膑的脸上刺上了字。事后，庞涓假情假意地哭泣，用药敷在孙膑的伤口上面。

后来，孙膑脱离了险境，在马陵之战中，打败了庞涓使其兵败而亡。庞涓陷害孙膑，最终得到了应有的惩罚，足以证明了庞涓就是那个"量小福薄"之人。

从这个故事可以看出，庞涓是个心胸狭窄的人，这样的人纵然能得势一时，早晚有一天也会失势，等待他的只有惨败的结局。

心胸狭窄，即使取得了一时的胜利，也不过是短暂的辉煌；有些人聪明过了头，用尽心机，行为奸伪，凡事只讲利害不顾道义，只图成功不思后果，这种人的行为更不足取。

在人际交往中，我们不妨多一点宽容，倘若我们眼宽能容世间事，心宽可谅天下人，便可从容过完这一生。

人生在世，不斤斤计较是教养，宽大为怀是修养。

谋略故事二

明成祖朱棣登基之后，他对一部分建文旧臣摒弃前嫌，量才录用，这点从他对待杨士奇的态度上就可以看出来。

据史书记载，杨士奇，本名杨寓，字士奇，江西泰和县人，元至正二十五年（1365年）出生，这里当时是朱元璋的地盘，前一年正月,朱元璋在应天自称吴王。

杨士奇一岁的时候,父亲去世。后来,为了生存,母亲陈氏没有办法只好带着他改嫁给德安同知罗子理,改姓罗,后来恢复姓杨。

洪武九年(1376年),杨士奇的继父罗子理死于辽东,杨士奇与母亲的生活再次陷入贫困,十二岁的杨士奇一边拼力苦读,一边在私塾里教学生读书,以此谋生。

杨士奇命运的转机出现在建文元年(1399年),朝廷召集群儒编修《明太祖实录》,当时杨士奇已被推荐教授官府工匠,翰林修撰王叔英又以修史的才能推荐杨士奇。

由于文采十分出众,再加上王叔英的引荐,杨士奇很快就进入翰林院成为了一名编纂官,负责《明太祖实录》的编纂工作。从此杨士奇开始了自己的政治生涯。

艰难的人生总算过得顺当了些,不承想靖难之役爆发了,燕王朱棣攻下了南京,杨士奇也就成了旧臣。当时的杨士奇不知道朱棣会怎么处置他,也不知道自己的命运将何去何从。

杨士奇归降朱棣后,朱棣并没有难为他,因为对他的才气和能力十分欣赏,便摒弃前嫌让他进入内阁,参与国家大政方针的制定,同时将他擢升为翰林院侍讲。

当然,杨士奇也没有让朱棣失望,入内阁不久,朱棣就发现杨士奇无论人品还是才学都出类拔萃,因此他对杨士奇更加放心,又将其提拔为皇太子的幕僚。说得直白一点，就是做了皇太子的贴身老师。

因为杨士奇能力出众，不久，朱棣又将其晋升为左中允（正六品官）。永乐五年（1407年），再次升任左谕德（从五品官），辅助左春坊大学士承担太子的文件往来及学习的有关事务，同时兼任翰林院侍讲，承担为皇帝讲读经史的任务，可见当时的杨士奇深受朱棣尊宠。

治国需要人才，虽然这些人是旧臣，但他们是不可多得的人才，只要他们愿意归降，只要对大明的江山有利，那么何乐不为呢？

因为朱棣有了容人的气度，身边才聚集了大量的能人异士，大明才得以繁荣昌盛。

无论什么时代，宽容都非常重要。在人际交往中，倘若我们能多一点宽容，那么身边的人就会更愿意靠近，人生自然就没有渡不过去的河、跨不过去的坎，在他们的助力下，我们也更容易实现自己的人生价值。

当然，如果没有宽容之心，凡事斤斤计较，身边的人就会远离你，从而让自己未来的路走得步履维艰。

任何时候都要知道，为人处事，宽容大度，才是一个人顶级的智慧。

人生如棋，有实力才是真强者

智者造势而谋，能者顺势而为，明者因势而变。

万物皆有势，有的显于表面，有的藏于肌理，有的生于智者的多谋善断。

真願者
有老代木身
人生成其

逆境成就强者，变阻力为动力

谋略解读

对大多数人来说，逆境总是令人畏惧的。当逆境到来时，人们总是惶恐地想要回避它，远离它，不敢坦然地接近它，注视它，面对它。

"梅花香自苦寒来，宝剑锋从磨砺出。"艰苦的逆境往往能催人奋发，磨砺人心，让人有所建树。

古往今来，大凡能成就一番事业的人，无不是在逆境中奋发，在磨难中历练心智。而真正的强者，往往都拥有一颗强大的内心。

苦难不值得歌颂，但在苦难中磨砺出的品质，能够助人成功。无须抱怨逆境，经历逆境的雕琢，人生往往更加精彩。这个道理也告诉我们，在面对逆境和挫折时，要有足够的耐心和毅力，才能更好地实现自己的目标和梦想。

谋略故事一

吴王阖闾打败楚国后，成了南方的霸主。越国是吴国的邻国，与吴国素来不和。公元前496年，越王勾践即位。为了征服越国，吴王发兵攻打越国。两国在槜李这个地方展开了一场大战，吴王阖闾满以为可以打赢，没想到却吃了败仗，自己又中箭受了重伤，再加上上了年纪，回到吴国后就咽了气。

吴王阖闾死后，他的儿子夫差即位。阖闾临死时对夫差说："不要忘记报越国的仇。"

夫差记住这个嘱咐，叫人经常提醒他。他经过宫门时，手下的人就扯开了嗓子喊："夫差！你忘了越王杀你父亲的仇吗？"

夫差流着眼泪说："不，不敢忘。"

夫差为了报父仇，叫伍子胥和另一个奸臣伯嚭操练兵马，准备攻打越国。结果越国战败，越王勾践被抓到吴国。吴王夫差为了羞辱越王，便派他去做一些奴仆才做的工作。越王心里虽然很不服气，但仍然极力装出忠心顺从的样子。吴王夫差出门时，越王勾践走在前面牵着马；吴王生病时，他在床前尽力照顾。吴王看越王这样尽心伺候自己，便认为他对自己非常忠心，最后便允许他返回越国了。

勾践回到越国后，立志报仇雪耻。他唯恐眼前的安逸消磨了自己的志气，在吃饭的地方挂上一个苦胆，每逢吃饭时，就先尝一尝苦味，还问自己："你忘了会稽的耻辱吗？"他还把席子撤去，用柴草当作褥子。这就是后来人传诵的"卧薪尝胆"。

勾践决定要使越国富强起来，他亲自参加耕种，叫他的夫人亲自织布，来鼓励生产。因为越国遭到亡国的灾难，人口大大减少，他制定出奖励生育的制度。他叫文种管理国家大事，叫范蠡训练人马，并虚心听从别人的意见，救济贫苦的百姓。全国的老百姓都巴不得多加一把劲儿，好叫这个受欺压的国家成为强国。

越王勾践整顿内政，努力生产，国力渐渐强盛起来。之后，他就和范蠡、文种两个大臣商议怎样讨伐吴国的事。

公元前484年，吴王夫差要去攻打齐国。伍子胥急忙去见夫差，说："我听说勾践卧薪尝胆，跟百姓同甘共苦，看样子一定是想报吴国的仇。不除掉他，总是个后患。希望大王先去灭了越国。"

吴王夫差哪里肯听伍子胥的话，照样带兵攻打齐国，结果打了胜仗回来。文武百官都来道贺，只有伍子胥反倒批评说："打败齐国，只是占点小便宜；越国来灭吴国，才是大祸患。"

这样一来，夫差越来越讨厌伍子胥，再加上伯嚭在背后尽说伍子胥坏话，夫差给伍子胥送去一把宝剑，逼他自杀。伍子胥临死之前，曾气愤地对使者说："把我的眼珠挖去，放在吴国东门，让我看看勾践是怎样打进来的。"

夫差杀了伍子胥，任命伯嚭做了太宰。

公元前475年，越王勾践做好了充分准备，大规模地进攻吴国，吴国接连打了败仗。越军把吴都包围了两年，夫差被逼得走投无路，说："我没有面目见伍子胥了。"说着，就用衣服遮住自己的脸，自杀了。

后来勾践北上中原与诸侯会盟，成为春秋时期最后一个霸主。越王勾践"卧薪尝胆"，终于使自己成就了一番伟业！

勾践是越国的国王，在被吴军围困的绝境下，为了保住国家和子民，表示自己愿意入吴为臣，并同时献上美女和财宝，以期向吴王夫差求和。吴王夫差傲慢地同意了勾践的请求，并要求他和他的妻子要像家奴一样伺候自己，包括牵马、脱鞋、送饭、擦澡等苦役都得亲力亲为。回国后，勾践为了铭记在吴国的屈辱经历，在自己的屋里挂了一只苦胆，每顿饭都要尝尝苦味，提醒自己不忘耻辱。同时，他身着粗布，与百姓一同耕田播种，发展生产。他的妻子也带领妇女养蚕织布，共同为越国的复兴努力。

越王勾践忍辱负重，展现出了非凡的毅力和坚韧不拔的精神，最终实现了复仇和称霸的目标。

在逆境中，人们需要承受巨大的心理压力和生理挑战。这种磨砺能够锻炼人的意志，让人变得更加坚韧和顽强。通过不断地克服困难和挑战，人们能够逐渐培养出坚定的信念和顽强的毅力，这些品质是成为强者所必备的。

在顺境中，人们往往容易满足于现状，缺乏进取心和探索精神。而在逆境中，面对生活的压力和困难，人们不得不调动自己的全部智慧和力量去应对。这种挑战能够激发人的潜能，让人在克服困难的过程中发现自己的潜力和能力。

谋略故事二

苏秦是战国时期的纵横家，他能取得非凡成就，与他勤奋好学的品质不无关系。

苏秦小时候家境贫寒，他白天帮家里干农活，晚上才有时间读书。为了买到一本书，他甚至不惜卖掉自己的头发。在艰苦的环境中，他始终坚持着自己的理想和追求。

然而，生活的困境并没有给苏秦多少机会。学成后，他一心想出去闯荡，期待能有所作为。但现实却给了他沉重的打击，在外一年的时间，他不仅没有实现自己的理想，反而连生活都变得困难。身无分文，他只能穿着破烂的衣服，满身尘土地回到了家乡。

家人的冷漠和嘲笑让苏秦备感心痛，他开始深刻地反思自己。他明白,这一切都是因为自己的学识不够,没有真正掌握人生的智慧。于是,他下定决心要重新振作,发奋读书。

为了防止自己打瞌睡,他想出了一个办法:锥刺股。每当困意袭来,他就用锥子扎自己的大腿一下,痛醒后继续读书。这个过程极其痛苦和艰难,但苏秦坚持了下来。他的大腿经常是鲜血淋淋,惨不忍睹。

家人们看到他的努力和坚持,都为之动容。他们开始理解并支持苏秦的决定。经过一年的苦读,苏秦联系当时七国的利害关系,反复学习钻研书中的谋略,终于学有所成,再次踏上了闯荡天下的旅程。这一次,他终于事业有成,开创了辉煌的游说生涯。

真正的强者,他的成长过程必然要经历一番艰苦的磨炼,世事愈艰难,愈能锤炼他们的精神,磨炼他们的意志。孟子说过:"天将降大任于斯人也,必先苦其心志,劳其筋骨,饿其体肤,空乏其身,行拂乱其所为,所以动心忍性,曾益其所不能。"时代将重大的责任降临在一个人身上时,一定要先让他的意志遭受折磨,使他的筋骨经受劳累,使他的肠胃忍受饥饿,使他的全身困苦疲乏,使他的行为总是遭受困扰麻烦。这样,便可使他的心意受到震动,使他的性格更加坚韧,从而增加他们所未具备的能力。

谋士苏秦正是通过不断的努力和坚持,经历了这样的磨炼,最终实现了自己的理想和追求。

在人生的道路上，我们应该向苏秦学习坚忍不拔、不屈不挠的精神品质，勇敢地追求自己的梦想和目标。

朱棣因生母地位低微，从小没有受到过重视。

朱棣出生的时候，朱元璋正忙着和陈友谅争夺地盘，根本无暇顾及他。朱棣出生在战场上，从小在军中长大，平时总是和武将们打交道，很小的时候就见识过战场的惨烈，常常听到战场厮杀的声音和无数人惨死的尖叫。当太子朱标在宫中学习孔孟之道时，他正在大漠黄沙的战场上拼命厮杀。今天还在一起说笑玩闹的人，一场战争过后，可能就永远地离开了。过早地接触到死亡和杀戮，把朱棣的心智磨炼得更加冷静，也让他很早就意识到，只有强者才能生存下去。

朱棣虽身为皇子，却并不是朱元璋最喜欢的儿子。为了能够在险恶的环境中生存下去，并谋得发展，朱棣不得不增强自己的实力，不断地逼迫自己成为一个强者。

古今中外，凡有成就者都经历了逆境的磨砺。张骞出使西域，两次沦落匈奴，忍辱负重，不忘肩头使命，最终开辟丝绸之路；司马迁饱受汉武帝威压，遭受宫刑之屈辱，成就了"史家之绝唱，无韵之离骚"的历史巨著《史记》；李白遭到宫廷的排挤、权贵的谗害，才迸发出"安能摧眉折腰事权贵，使我不得开心颜"这样洋洋洒洒的千古名句。

　　逆境是人生中不可避免的一部分，但正是这些逆境，能够成就真正的强者。通过不断地挑战自己和磨砺自己，人们可以逐渐成长为更加坚强、成熟和理智的人，实现自己的人生价值和梦想。

智者造势而谋，能者顺势而为，明者因势而变

谋略解读

智者造势而谋，能者顺势而为，明者因势而变。

万物皆有势，有的显于表面，有的藏于肌理，有的生于智者的多谋善断。但凡成功者，都很讲究一个"势"字。乘势而为，往往能够如虎添翼，增加成功的胜算。"势"就犹如诸葛亮的"东风"，只要有足够的智谋，就能够借到。

无论是借势谋局也好，还是顺势开局也罢，人生若想天遂人愿，唯有眼中见势，心中存势，懂得用势，方得圆满。

谋略故事一

建安十三年（208年）十一月，曹操率兵50万，号称80万，进攻孙权。孙权兵弱，他和曹操的敌人刘备联合，兵力也不过三五万，只得凭借长江天险，据守在大江南岸。

这一年十月，孙权和刘备的联军曾在赤壁（今湖北省蒲沂市）同曹操的先头部队遭遇。曹军多为北方兵士，不习水战，很多人得了疾病，士气很低。两军刚一接触，曹操方面就吃了一个小败仗。

曹操被迫退回长江北岸，屯军乌林（今湖北洪湖），同联军隔江对峙。为了减轻船舰在风浪中的颠簸程度，曹操命令工匠把战船连接起来，在上面铺上木板。这样，船身稳定多了，人可以在上面往来行走，还可以在上面骑马。这就是所谓"连环战船"，曹操认为这是个渡江的好办法。

但是，"连环战船"目标大，行动不便。所以，有人提醒曹操防备东吴乘机火攻。曹操却认为："凡用火攻，必借东风，方令隆冬之际，只有西北风，安有东南风耶？吾居于西北之上，彼兵皆在南岸，彼若用火，是烧自己之兵也，吾何惧哉？若是十月阳春之时，吾早已提备矣。"

周瑜也看到了这个问题，只是由于气候条件不利火攻，急得他"口吐鲜血，不省人事"。刘备军师诸葛亮用"天有不测风云"一语，点破了周瑜的病因，并密书十六字："欲破曹公，宜用火攻；万事俱备，只欠东风。"可见，对于火攻的条件，曹、周、诸葛三人都有共同的认识。

然而,诸葛亮由于家住赤壁不远的南阳(今湖北襄阳附近),对赤壁一带气候规律的认识比曹、周两人更深刻,更具体。常刮西北风是气候使然,偶尔刮东风,这是天气现象。在军事气象上,除了必须考虑气候规律之外,还须考虑天气规律作为补充。当时,诸葛亮根据对天气变化的分析,凭着自己的经验,已准确地预测到出现偏东风的时间。但为糊弄周瑜,他却假装设坛祭神"借东风"。

十一月的一个夜晚,果然刮起了东南风,而且风力很大。周瑜派出部将黄盖,带领一支火攻船队,直驶向曹军水寨,假装去投降。船上装满了饱浸油类的芦苇和干柴,外边围着布幔加以伪装,船头上插着旗帜。驶在最前头的是十艘冲锋战船。这十艘船行至江心,黄盖命令各船张起帆来,船队前进得更快,逐渐看得见曹军水寨了。

这时候,黄盖命令士兵齐声喊道:"黄盖来降!"曹营中的官兵,听说黄盖来降,都走出来伸着脖子观望。曹兵不辨真伪,毫无准备。黄盖的船队距离曹操水寨只有二里远了,他立即下令:"放火!"号令一下,所有的战船一齐放起火来,就像一条火龙,直向曹军水寨冲去。东南风愈刮愈猛,火借风力,风助火威,曹军水寨全部着火。"连环战船"一时又拆不开,火不但没法扑灭,而且越烧越盛,一直烧到江岸上。只见烈焰腾空,火光冲天,江面上和江岸上的曹军营寨,陷入一片火海之中。

孙、刘联军把曹操的大队人马歼灭了,把曹军所有的战船都烧毁了。在烟火弥漫之中，曹操率领着残兵败将，向华容（今湖北省监利县西北）小道撤退。不料，途中又遇上狂风暴雨，道路泥泞难行。曹操只好命令所有老弱残兵找来树枝杂草，铺在烂泥路上，让骑兵通过。可是那些老弱残兵，被人马挤倒，受到践踏，又死掉了不少。后来，他只得留下一部分军队防守江陵和襄阳，自己率领残部退回北方去了。

明者因势而变，能者顺势而为，诸葛亮知天文、晓地理、通兵法、精谋略，加上文韬武略的周瑜，两个人的智慧加起来，当然是曹操无法匹敌的了。在一片火海中，曹操顾东顾不了西，顾西顾不了东，只好落荒而逃了。

运筹"天时""地利"，就是选择最合适的时机和最合适的地点与敌军开战，每战都出乎敌人意料。如果具有这种能力，即便是千里之外都可以大会战；如果不知天时地利，就会左不能救右，右不能救左，前不能救后，后不能救前，更何况远者数十里，近者数里呢！

谋略故事二

在战国时期，诸侯国纷争不断，强弱并存。秦国在经过商鞅变法后，国力逐渐强盛，成为当时的大国。在这个时期，有一位名叫张仪的策士，他凭借超群的智慧和谋略，成为秦国的重臣。其中最为人津津乐道的，便是他智取蒲阳的事迹。

当时，秦国公子华和张仪率军围攻魏国的蒲阳。然而，魏军数量众多，秦军处境十分不利。张仪深知，要想顺利攻占蒲阳，必须用奇计。于是，他派人前往魏军营地，声称秦国愿意与魏国和谈。

魏军将领本就对秦军的攻势感到头疼，听到和谈的消息后，便放松了警惕，认为秦军并无恶意。而张仪则趁魏军松懈之际，迅速发起猛攻，一举攻占了蒲阳。这一战，让秦国声威大震，而张仪也因此得到了秦王的赏识。

攻占蒲阳后，张仪并没有止步。他回到秦国，向秦王建议将蒲阳还给魏国，并派公子繇到魏国当人质。这一举动看似出人意料，实则是张仪巧妙地借用了秦王之势。因为他知道秦王正欲统一天下，需要各国的支持和信任。

然而，事情并未就此结束。张仪又借机前往魏国，向魏王强调秦国对魏国的宽厚，提醒魏王不能对秦国不讲礼义。这其实是在巧妙地利用魏王的心态。张仪知道魏国虽然失地，但并不想激怒秦国，以免招来更大的祸患。

此后不久，魏国主动向秦国示好，献上了上郡的15个县作为礼物。这一事件进一步彰显了秦国的实力和影响力。同时，张仪也因此被任命为秦国的国相，成为秦王的重要谋士。

智者造势而谋。不得不说，张仪是一个懂得借势和造势的人，他通过军事威慑和外交撮合，让秦国获得了大片土地。这令秦王非常满意，充分认识到了张仪的价值。自此，张仪一步登天，开始了飞黄腾达的人生。

《商君书》有云："今夫飞蓬遇飘风而行千里，乘风之势也。"说明了借势的重要性。

在这则故事中，张仪所借用的"势"是秦国国力的强盛，张仪之所以能够成功借势，一方面源于他对各国利益考量的精准把握，另一方面则归功于他的外交手腕和策略运用。他能够敏锐地察觉各国之间的微妙关系，善于运用心理战术，使得自己的主张能够得到其他国家的认同和接受。

老子《道德经》中说："明者因势而变，智者顺势而谋。"有智慧的人，会根据形势的变化而调整自己，以适应新形势，会顺应事情发展的趋势而分析问题，谋求对自己最有利的局面。

张仪无疑就是一个谋略家，极善断，能借势，他巧妙地利用了各国之间微妙的利害关系，为秦国谋取到了更大的利益。真正的谋略高手，都懂得这样利用势，顺势而为，无往而不利。

谋略故事三

建文帝即位后,一方面开始进行大刀阔斧的削藩,一方面为削弱燕王朱棣的势力而采取了一系列行动。

建文元年三月,朱允炆不仅调走了燕王府的护卫,还在山海关、临清、德州等北方重镇加派了朝廷的军队驻守。朱允炆想通过这些办法进一步减弱燕王朱棣的势力。可就在这个时候,南京城里却出现了一件怪事。有一个道士,走在街上,一边走,一边唱一首歌谣。歌谣是这么唱的:

莫逐燕,

莫逐燕。

逐燕日高飞,

高飞上帝畿。

一时间,这首歌谣传遍了南京的大街小巷,不仅小孩子口耳传唱,连大人也都耳熟能详。这首民谣听上去是说别去驱赶燕子,你越是驱赶它,它就飞得越高,一直飞到皇宫里去了。帝畿,就是皇宫。这首歌谣表面上在说燕子,被有心人听成燕王也不为过。别去驱赶燕子,仿佛就是在说别去驱赶燕王。

这个民谣不知道出自谁手,也不知道最初唱诵的道士是何人,但毫无疑问他们想通过这首歌谣让世人知道燕王的处境,实际上是在为燕王朱棣造势,如此日后出兵也称得上"师出有名"。

据说，在靖难发兵之前的誓师大会上，也发生过一件怪事。这一天本是一个万里无云的大晴天，突然之间刮来一阵大风，大风吹过之后，屋檐上的瓦片被吹落数块，落地后被摔得粉碎。当时，虽然将士们嘴上没有说什么，但脸上的表情却非常复杂。

面对这种情况，朱棣也大为吃惊。就在大家不知所措的时候，谋士姚广孝发挥了特别重要的作用，他竟然向朱棣表示祝贺。正当朱棣和将士们不知道喜从何来的时候，姚广孝说："难道殿下没听说过飞龙在天吗？从以风雨，屋瓦坠地，这是上天示意，想让殿下换黄屋子（皇宫）住了！"

屋瓦碎裂，这件在众人看来不吉利的事情，就这样被姚广孝解读成了上吉之兆。姚广孝的一番说辞，不仅让朱棣志得意满，也有效地稳定了士气和军心。

初登大宝，朱棣急于为自己正名，所以想到让当世大儒方孝孺为自己起草一份继位诏书，以此昭告天下，自己做皇帝乃是名正言顺。

朱元璋的开国功臣里，宋濂位列文官第一位，而方孝孺是宋濂最得意的门生，在士林中的声望极高，被天下读书人视为楷模。朱棣之所以想到找方孝孺，正是看重了他的声望。如果方孝孺肯为他出面起草诏书，那这份诏书的含金量将不言而喻了。但方孝孺誓死不肯从命，无奈朱棣的如意算盘只得落空了。

利用民间传唱的歌谣为自己造势；誓师大会上借助"飞龙在天"的天象稳定军心、鼓舞士气；试图借方孝孺的声望为自己正名。以上几件事情，无不展现出朱棣对"势"的把握，有势则借势，无可借之势时，便自己造势。由此可见，朱棣很懂得借助他人的声望来成就自己的大业。不得不说，有谋略的人，都懂得用巧劲，能运用身边一切可以利用的资源，发挥它们的最大价值，为我所用。

某知名企业家在公开演讲时，曾不无感慨地说道："我领悟到，人是不能推着石头往山上走的，这样会很累，而且会被山上随时滚落的石头给打下去。我们要做的是，先爬到山顶，随便踢一块石头下去。"这段话后来被人们总结为："只要站在风口上，猪也能飞起来。"在这里所说的就是这个时代的趋势。我们要懂得辨别和掌握这个时代的趋势，趁势而为，而不是逆势而动。

当我们能够意识到趋势，能够利用势的时候，我们就离成功不远了。

深谋远虑，方能统筹全局

谋略解读

《小窗幽记》中对擅长谋略的人，是这样记载的："办大事者，匪独以意气胜，盖亦其智略绝也，故负气雄行，力足以折公侯，出奇制算，事足以骇耳目。"能够成就大事业的人，不只是靠着内心的一股豪气，同时也和他们高深的智慧分不开。一身豪气，举止勇猛。做事能够出奇制胜，计谋没有任何失误，成就的事业令人骇然。

我们说深谋远虑，就是说要有统筹全局的思维。这就要求一个人在思考问题时，要全面考虑各种因素，包括内部的资源和能力、外部的环境和条件等。他们需要从整体上把握问题，避免片面和短视。通过统筹全局，他们能够制订出更加全面、协调的计划和策略，确保各项工作的顺利进行。

谋略故事一

汉高祖刘邦在中国历史上一直以豪气和用人的大智慧著称。刘邦登基那一年的五月，在洛阳南宫摆酒宴，说："各位王侯将领不要隐瞒我，都说说真实的情况：我得天下的原因是什么呢？项羽失天下的原因是什么呢？"高起、王陵回答说："陛下让人攻取城池取得土地，因此来亲附他们，与天下的利益相同；项羽却不是这样，他杀害有功绩的人，怀疑有才能的人，这就是失天下的原因啊。"刘邦说："你只知道那一个方面，却不知道另一个方面。比方说，就在大帐内出谋划策，在千里以外一决胜负的能力来看，我不如张良；平定国家，安抚百姓，供给军饷，不断绝运粮食的道路，从这一点上看，我不如萧何；联合众多的士兵，打仗一定胜利，攻取城池一定能够取得胜利，从这一点上看，我不如韩信。这三个人都是难得的豪杰，他们都能够为我所用，这是我取得天下的原因。而项羽有一位范增却不能很好地利用他的才能，这就是项羽兵败自杀的根本原因。"

史书上记载，早年的刘邦并没有什么本事，只不过是一个穷光蛋，常被父亲骂为"无赖"。当时，文武兼备的人才不计其数，为什么偏偏是一个"无赖"成就了一番帝业呢？

刘邦之所以能做皇帝，正如他自己所说的那样，是因为他拥有超越了单方面智慧的大智慧，即用人的智慧，进而调动众人的力量，为自己的霸业开路。

秦朝末年，刘邦找来好友萧何、曹参、樊哙，鼓动乡民造反，组起了自己的武装队伍。当时刘邦已经年近50岁了，只比秦始皇小2岁。然后仅在7年后，他就登基称帝，开创了大汉王朝数百年的基业。

从他开始起兵到秦朝灭亡，仅仅用了3年时间。刘邦没有任何治军经验，连一个县城都攻不下，只好屡次向项梁和项羽求援。项羽则是战无不胜，巨鹿之战以3万之军大破秦军主力20万，奠定了整个反秦战争的胜局。

秦朝灭亡的第二年，楚汉之争爆发。刘邦第一次攻打项羽的都城彭城（今江苏徐州）时，一共带了56万人马。当时项羽正在山东平定诸侯叛乱，刘邦本想趁此机会打项羽一个措手不及，后来果然得手，成功攻占了彭城。然而，项羽很快率领3万人马杀将回来，把刘邦的56万人马打成一盘散沙，20万人战死。

刘邦坐着一辆板车一路西逃，项羽的部将丁公险些就抓住了他。情急之下，刘邦叫道："丁公，丁公，你我都是好人，为何要彼此为难呢？"丁公被刘邦说动，也想给自己留一条后路，于是就放过了刘邦。这让刘邦意识到，凭借自己的军事才能，根本无法与项羽抗衡。

公元前202年，刘邦任命韩信为大将军，并笼络了善战的彭越和英布。韩信不负所望，一鼓作气灭掉了黄河以北的所有诸侯，把楚汉之争推到了最关键的时刻。刘邦的军队打到楚国境内，他命令韩信、彭越和英布的部队在垓下合围项羽。谁知他们竟按兵不动，韩信在此时竟然要求刘邦封他为王。

刘邦干脆地说:"只要你们合围项羽,函谷关以东的土地我都不要,你们三个人平分。"在几路大军的围攻下,项羽最终自刎于乌江。

整个楚汉战争中,刘邦本人没有攻下过任何一座城池,没有出过任何一个好计谋,没有指挥过任何一场战争。然而在刘邦成就帝业后,对臣下很少问东问西,统领全局的大智慧逐渐达到顶峰,杀伐决断十分果敢。

真正成就大事业的人,往往不是某一方面的人才,而是深谋远虑的"多面手"。他们一身豪气一呼百应,深谋远虑统筹全局。

深谋远虑的人往往能够洞察事物的本质和趋势,预见未来的变化和挑战。他们不仅关注眼前的利益,更注重长远的规划和发展。通过深思熟虑,他们能够制订出符合实际、切实可行的计划,为未来的发展打下坚实的基础。

谋略故事二

靖难之役时,朱棣本以为山东很容易攻下来,很快就可以攻下南京,不承想却在济南遇到了麻烦。面对燕军的围城,当时的山东布政司参政铁铉和李景隆北伐的参将盛庸迅速组织了城内仅有的几万兵马，并决定和朱棣决一死战。

铁铉和盛庸的防御很是坚固，朱棣围城三个月竟然没能破城而入，为了攻破济南城，朱棣让人运来了大炮，正当他准备炮轰济南的时候，城楼上竟然出现了很多"高皇帝神主之位"的木牌。

面对这种情况，朱棣只能停止炮轰，因为如果炮轰"高皇帝神主之位"，就等于承认自己是乱臣贼子了，这在当时可是"十恶不赦"的重罪！不仅如此，很可能还会被扣上不忠不孝的大帽子，那么靖难起兵的理由也就站不住脚了，因此他只得按兵不动。

看到朱棣按兵不动，铁铉便又出奇兵，袭扰燕军，打得燕军狼狈不堪。这让朱棣很生气，但又不知道怎么办，此时道衍和尚姚广孝给朱棣来信，让其先回北京，之后再战。因此，济南城之围被解。

本以为打败李景隆的50万大军，济南城可轻松拿下，兵临南京，谁知久攻不下，只得先撤军，这是朱棣起兵以来遇到的最大挫折。

回到北平后，朱棣和他的谋士们开始思忖新的作战计划。这个时候他们意识到，如果把时间一直浪费在攻打济南上，就会得不偿失。与其在攻打济南上浪费时间，不如先绕开济南直取南京。

就在此时，朱棣安插在南京宫中的宦官带来了一个消息：如今的朝廷，把大部分兵力都用来抵挡燕王南下，京城南京正是防守薄弱的时候，如果此时趁虚而入，一定可以一举拿下南京。

得知这个情况，朱棣在谋士姚广孝的建议下快速调整了作战策略，他们决定采用轻骑奇袭的战略，绕道山东，逼近徐、淮，一路避开守卫坚固的地方，直扑南京。

等死对头盛庸、铁铉和平安等人修好城墙等待朱棣来攻坚的时候，他们才发现，朱棣已经改道南下了。这下他们彻底慌了，他们明白朱棣的目标已经不再是济南和德州了，而是最终目的地——京城。如果朱棣此举得逞，一切就全完了，于是他们迅速展开了对朱棣的追击。

平安一马当先，率领四万军队快马加鞭追击。在他看来，徐州城防守坚固，没那么容易被攻破，等他追击而来，和城内呈内外夹击之势，朱棣也逃不开败局。但事实没如平安所料，当朱棣攻击徐州城时，守军企图固守城池，决定跟朱棣玩持久战。但朱棣根本没有给他们玩的机会，他竟然绕开了徐州，转而攻击宿州。平安得到消息后大吃一惊，没料到朱棣竟然会如此果断，看来他的目标只有京城了。朱棣率领燕军一路势如破竹，遇到难打的地方就绕过去，不浪费时间，就这样他们很快兵临南京城下。

建文四年（1402年）五月二十日，扬州城不战而降，南京岌岌可危。经过20多天的激战，也就是在同年六月十三日，守金川门的谷王朱橞和李景隆，开门投降，朱棣取得了最终的胜利。

后来，朱棣又返回去攻打济南，虽然打得很艰难，最终还是拿下了，铁铉在城破的时候逃跑了，最后在淮南被抓。

真正有谋略的高手，具备统筹全局的眼光和谋略，不在意一城一池的得失，也能够从纷繁复杂的局面里，看清自己的最终目标。

深谋远虑，方能统筹全局，这句话深刻揭示了成功的关键要素之一。它意味着在面对复杂局势或重大决策时，一个人或团队必须具备深远的思考能力和周密的计划，才能有效地把握全局，制订出合理的战略和策略。

在实际生活和工作中，深谋远虑和统筹全局的能力是非常重要的。只有深谋远虑，才能确保决策的正确性和前瞻性；只有统筹全局，才能确保工作的协调性和高效性。

因此，我们应该注重培养自己的深谋远虑和统筹全局的能力。这需要我们不断学习、思考和实践，提高自己的综合素质和能力水平。只有这样，我们才能更好地应对各种挑战和机遇，实现个人的价值和事业的发展。

增强实力，强者的生存逻辑

谋略解读

在人际交往中，实力是一个人最大的底气。一个人要想成就一番大事业，就要不断提升自己的实力。当一个人的实力足够强大了，那么他面对任何事都不会畏惧。

实力是偷不走的，它不会背叛你，会跟随你一生，成为一个人立足社会的底气。

无论是在工作还是生活中，有实力才有话语权，真正的强者无论身处何种环境，都懂得全方位提升自己的能力，壮大自己的实力，把命运掌握在自己手中。

生活对每个人都是公平的，并不会因为你没有实力，就对你心生怜悯。有实力的人不会抱怨命运的不公，而会积极改变现状，让自己立于不败之地。

谋略故事一

明太祖朱元璋驾崩后，因为太子朱标比他去世得还早，所以就把皇位传给了朱标的儿子朱允炆。在朱元璋看来，朱允炆是一个各个方面都优秀的储君，虽然年纪不大，但经史子集样样精通。

朱元璋在世的时候，已经帮他把外面的威胁都清除了，除了这些藩王，没有人能对皇权构成威胁。

在所有的藩王中，朱允炆最想动的是燕王，最不敢动的也是燕王，因为他的实力太强了。朱允炆明白，周、湘、齐、代、岷这五王对自己构不成太大的威胁，所以选择先拿他们几个开刀，因为要杀鸡给猴看。

受封燕王以后，朱棣特别重视增强自己的实力，因为在乱世中长大的缘故，他知道实力意味着什么。没有实力，只能"人为刀俎，我为鱼肉"。

朱允炆知道燕王朱棣是有实力的，但又不知道他的实力有多大，尽管采取了一系列措施，还是没有动到他的根基。朱允炆原本以为只要把朱棣的精锐护卫调到户外驻守，派亲信管理北平的地方行政事务，那么就不会出问题，不承想这只是他的一厢情愿。

当朱棣靖难起兵的时候，朱允炆才知道朱棣的实力有多么强大，但为时已晚了。尽管朱允炆做了全力抵抗，可依然是惨败。至此朱棣登上了权力的巅峰。

若朱棣没有实力,就不敢和朱允炆叫板,只能像其他藩王一样老老实实被削藩,可朱棣不仅是一个谋略高手,更拥有强者思维,他知道实力就是自己的底气。

由此可见,有实力是强者的生存逻辑,其实不只是对于帝王,也同样适用于我们每一个人。当一个人有实力时,生活就会待他(她)和颜悦色,当他(她)的实力不够强大时,生活则会对他(她)横眉冷目。

无论在工作还是生活中,永远不要指望别人怜悯,别人对你的态度完全取决于你的实力。当别人对你不友好、瞧不起你的时候,最好收起自己的玻璃心,努力提升自己的实力,这才是真正的强者。

物择竞天,适者生存!

有实力的人靠实力说话,没实力的人才会抱怨社会的不公,把自己当成是世上最倒霉的人。

谋略故事二

三国时期,董卓生性残暴,把天下搅得民不聊生。

这个时候,袁绍、曹操等人纷纷站出来,成立了一个"十八路诸侯"的联盟,目的就是要讨伐董卓,安定天下。曹操等人本以为万无一失，不承想前锋孙坚在进军汜水关的时候遇到了大难题。

当时对方镇守汜水关的将领叫华雄。此人虽然狂妄自大，但确实有些本事，否则孙坚不会败在他手上，潘凤等大将也不会相继被他斩杀。此时，骁勇善战的华雄给联盟带来了不少压力。

正当大家一筹莫展的时候，关羽主动请缨，表示愿意去斩杀华雄，在座的人纷纷侧目，没有一个看好他。因为当时的关羽还是一个名不见经传的小小马弓手，几乎所有人都认为他去就是送命，自然对他没有什么期望。

当时袁术就第一个提出了质疑，觉得关羽不过是口出狂言，对他的态度也很不友好。曹操虽然也不相信他能成功，但态度相对还是好很多的，他亲自给关羽斟了一杯酒，说道："将军且饮此杯，壮以胆气。"当时曹操并非觉得关羽能成功斩杀华雄，但却认为他的勇气可嘉。

面对曹操的好意，关羽摆摆手，表示等他斩杀了华雄之后再来喝也不迟，说完便提刀出营。目送关羽离去，大家还是不敢相信，觉得他会和潘凤一样被华雄斩杀。

令人没想到的是，仅仅过了一会儿，关羽真的提着华雄的首级回来了，离开时温过的酒此时竟然还没有凉。至此，关羽一战成名，所有人都知道了他的实力。

从人们对关羽的态度，完全可以看出实力的重要性。在斩杀华雄之前，人们对关羽的态度是不温不火的，因为他们还不知道关羽的实力，觉得他不过是口出狂言，并不一定有真本事；斩杀华雄之后，大家的态度都变了，终于知道关羽的真正实力了。

实力就是强者的勋章，也是强者制胜的底层逻辑。

古往今来，大凡取得一定功业的成功者，都拥有无法忽视的强悍实力。可以说，不断增强自己的能力，壮大自己的实力，是一个人取得成功至关重要的底色。

有实力能吸引他人的助力，彼此一起共谋成功；有实力能得到领导和老板的重视，得到更多发展机会；有实力能吸引更多合作伙伴的青睐，为人生争取到更多可能性。

我们无法左右其他人对自己的态度，我们只能不断提升自己的实力，这是强者的必经之路，也是强者的生存之道。

谋略故事三

在中国的历史长河中，郑和下西洋无疑是一段令人瞩目的篇章。可以说郑和下西洋开启了大航海时代，将中国的繁荣与文化带向了世界各地，也彰显了大明王朝强盛的国力。

永乐三年（1405年），郑和遵照永乐皇帝朱棣的命令，率领由两万多人组成的当时世界上最大的舰队，向南出发，分别前往了菲律宾、泰国、越南、马六甲等地。

当外国人看到明朝的舰队时，都被明朝强大的军事实力所震慑了。他们没想到明朝有这么雄厚的国力，竟然能组建出如此宏伟的船队。所到之处，郑和都会将船上所带的瓷器、珠宝以及种子等物品赠予当地的居民，郑和的大气与友好，让无数国家的臣民认为，大明一定是个富饶辽阔、物产丰富的地上天国。

郑和下西洋的意义是重大的，第一次下西洋时，不少国家看到明朝的实力之后，纷纷想一睹明朝的风采，于是，许多国家的使者便与郑和一同回来了。八方来朝，显大明国威，此情此景，令朱棣十分高兴，他赏赐给这些使者大量的绫罗绸缎和铜币等物品。

郑和第二次下西洋的距离，比第一次远了许多，这一次他的终点站竟远到锡兰。据说，当时苏门答腊岛上爆发了一场战斗，见到郑和的舰队，当地的国王便乞求郑和能助他们一臂之力。郑和也没有推辞，带着明朝士兵就冲了上去，在强大的军事实力面前，敌人很快投降了。

郑和的西洋之行宣扬了明朝的国威，也促进了明朝和很多国家的贸易交流。郑和下西洋后，各国多遣使来中国建交，并进行贸易往来。同时，中国到南洋去的人也日益增多，不少人侨居国外，把中国的生产技术和手工艺品带过去，对南洋的开发起了巨大作用。

有人说，实力是立足于世的基石。它如同坚硬的钢铁，能够让我们在风雨中屹立不倒。没有实力，我们就像一艘无锚的船，在波涛汹涌的大海中摇摇欲坠。

事实确实如此，实力有多强，成就就有多大。

在竞争激烈的环境中，拥有强大的实力可以使个人或组织脱颖而出，获得成功。实力包括各种形式的资源、技能、知识、经验、资本等，这些都可以帮助人们应对挑战，解决问题，并取得成果。

面对人生路上遇到的各种困难，我们无需逃避，更不用惧怕，而是要努力提升实力。当自己的实力足够强大了，那么一切问题自然就解决了，不是吗？